s e e
R E U S S E N
Graudenz
Toruń
Wisla
Notec
dt
Driesen
Yorck
H Z M.
Poznan
W A R S C H A U
nkfurt
Warta
Hauptarmee
Kalisz
Glogau
Bober
Victor
26.5.
Haynau
Napoleon
Liegnitz
Breslau
Görlitz
Blücher
Schweidnitz
Ohlau
Strehlen
Oder
ERREICH
g der
ündeten
g der
ruppen
lshaber
wichtige Gefechte, Schlachten
Festungen
Staatsgrenzen
0
50
100
150
km

Gerd Fesser

1813

Die Völkerschlacht bei Leipzig

Verlag Bussert & Stadeler
Jena · Quedlinburg

Bibliografische Information der Deutschen Nationalbibliothek
Die Deutsche Nationalbibliothek verzeichnet diese Publikation in der Deutschen Nationalbibliografie; detaillierte bibliografische Daten sind im Internet über http://dnb.d-nb.de abrufbar.

Zweite unveränderte Auflage 2013

www.bussert-stadeler.de

Titelbild: Ausschnitt aus dem Gemälde von Richard Knötel »Heldentod des Majors von Krosigk bei Möckern (16. Oktober 1813)«

Printed in Germany

ISBN 978-3-942115-15-5

Inhaltsverzeichnis

Geleitwort

Liebe Leserinnen und Leser,
wenn wir heute nach Ereignissen gefragt werden, die von Sachsen aus Einfluß auf die Neuordnung Europas genommen haben, werden die meisten zuerst an die Demonstrationen 1989 in Leipzig denken. Weniger in unserem Bewußtsein verankert ist die Tatsache, daß schon einmal, vor nun genau 200 Jahren, ein Ereignis auf sächsischem Boden entscheidenden Einfluß auf die europäische Entwicklung genommen hat.

Die Niederlage Napoleons 1813 in der Völkerschlacht bei Leipzig führte zum Wiener Kongreß und einer politischen Neuordnung Europas. Das Jubiläum gibt Anlaß zu einem Rückblick. Mit dem vorliegenden Werk »1813« ist dafür eine solide Grundlage gegeben.

Die Folgen der Ereignisse vor 200 Jahren sind vielfältig. Einerseits bereiteten die gemeinsam getroffenen Entscheidungen über die Wiederherstellung alter und die Ziehung neuer Grenzen den Boden dafür, daß die europäischen Großmächte in den nächsten 40 Jahren keinen Krieg gegeneinander führten. Auch steht die Entwicklung für den Rückgang von Bürger- und Freiheitsrechten in weiten Teilen Europas bis hin zum »Nachtwächterstaat«.

Andererseits gab es ein noch nie dagewesenes Wirtschaftswachstum und unglaublichen technologischen Fortschritt. Die wirtschaftliche Entwicklung am Ende des 19. Jahrhunderts ließ Großunternehmen und Mittelstand entstehen, der technologische Fortschritt ermöglichte bahnbrechende Neuerungen in fast allen, uns heute noch vertrauten, gesellschaftlichen Bereichen. Den Menschen, über alle Standesgrenzen hinweg, ging es spürbar besser.

Insofern ist die Völkerschlacht bei Leipzig mehr als Sieg oder Niederlage. Sie markiert den Beginn einer europäischen Evolution, die 100 Jahre andauern sollte und ein eigenes Zeitalter markiert.

Dr. Johannes Beermann
Staatsminister und Chef der Sächsischen Staatskanzlei, Dresden

I. Napoleon im Zenit seiner Macht

Im Jahre 1808 befand sich Kaiser Napoleon I. im Zenit seines Ruhmes und seiner Macht. Eine Serie großer Siege lag hinter ihm: 1805 hatte er bei Austerlitz die vereinigten Armeen der Großmächte Rußland und Österreich geschlagen, 1806 bei Jena und Auerstedt die hochrenommierte (freilich allgemein überschätzte) preußische Armee, 1807 bei Friedland von neuem die russische Armee. Von Schweden und der Türkei abgesehen, hatte er sämtliche Staaten des europäischen Festlandes erobert oder sie gezwungen, sich mit ihm zu arrangieren. Mit Ausnahme Österreichs und Preußens hatten sich sämtliche deutsche Länder dem Rheinbund anschließen müssen, an dessen Spitze Napoleon als »Protektor« stand.

Der große Rivale Bonapartes beim Griff nach der Weltherrschaft, England, war isoliert. Im November 1806 hatte Napoleon gegen die Briten die Kontinentalsperre verhängt: Handel, Postverkehr und überhaupt jegliche Verbindung zwischen England und dem europäischen Festland wurden strengstens untersagt. Alle Waren, die aus England stammten oder Engländern gehörten, sollten beschlagnahmt werden. Alle Schiffe, die gegen die Bestimmungen der Kontinentalsperre verstießen, sollten aufgebracht werden.

Napoleon schaltete und waltete in Mittel-, West- und Südeuropa wie es ihm beliebte. Er strich Staaten von der Landkarte und schuf neue, und er stieß Monarchen von ihren Thronen, um dort Platz für seinen korsischen Familienclan zu schaffen. Im Jahre 1805 hatte er den Norden Italiens zum »Königreich Italien« erklärt und seinen Stiefsohn Eugène de Beauharnais als Vizekönig eingesetzt. 1806 machte er seinen Bruder Joseph zum König von Neapel.

Nach seinem Sieg über Preußen errichtete Napoleon 1807 das Königreich Westphalen, das zwischen Rhein und Elbe fast 40.000 Quadratkilometer umfaßte. Als König setzte er seinen jüngsten Bruder Jérôme ein. In Westphalen und in den Staaten des Rheinbundes wurden nun nach französischem Vorbild zügig tiefgreifende Reformen durchgesetzt. Sie brachten den Menschen die Gleichheit vor dem Gesetz, die Freizügigkeit und die Gewerbefreiheit, beseitigten die Privilegien des Adels und die Leibeigenschaft. Nicht nur dieser Modernisierungsschub, sondern auch die vergleichbaren Reformen, welche die Staatsmänner Stein und Hardenberg seit 1807 im besiegten Preußen durchführten, wären ohne den Anstoß durch Napoleon undenkbar gewesen. Der Historiker Thomas Nipperdey hat deshalb in seiner »Deutschen Geschichte 1800–1866« die berühmte und vielzitierte Wendung gebraucht: »Am Anfang war Napoleon«.

Binnen weniger Jahre veränderte Napoleon sich. Er wurde korpulent, sein Haar lichtete sich. Über die Veränderung seines Wesens schreibt sein Biograph Roger Dufraisse: »Mit zunehmendem Alter und auch infolge der Enttäuschungen, die ihm seine Familie und seine engen Mitarbeiter bereiteten, schwand sein Vertrauen in andere, und er berücksichtigte immer weniger die Meinung kompetenter Leute. In seiner Persönlichkeit waren der Egoismus, der Hang zur Gewalttätigkeit, die Menschenverachtung und vor allem der Ehrgeiz sowie ein blindes Selbstvertrauen übermäßig stark ausgeprägt und bewirkten, daß er sich zu äußerst unklugen Unternehmungen hinreißen ließ. Darüber hinaus verlor er zunehmend jenen Instinkt, der ihn einst die geheimen Wünsche der öffentlichen Meinung hatte erahnen lassen.«

Die Kontinentalsperre funktionierte nicht so reibungslos, wie Napoleon sich das gedacht hatte. Die Briten schmuggelten nämlich in großem Stil ihre Waren nach Europa ein. Ihr wichtigster Stützpunkt auf dem Festland war Portugal, das traditionell eng mit Großbritannien verbunden war. Napoleon ließ deshalb im Herbst 1807 Truppen in Portugal einmarschieren und das ganze Land besetzen. Die Invasion war im Einvernehmen mit der spanischen Regierung erfolgt. Nachdem Napoleon einmal in Spanien Fuß gefaßt hatte, verstärkte er seine Truppen in diesem Land immer mehr. Da brach im März 1808 in Madrid ein Aufstand gegen König Karl IV. aus, der ein willfähriger Partner Bonapartes war. Karl mußte zugunsten seines Sohnes Ferdinand abdanken. Daraufhin erklärte Napoleon den spanischen Thron für vakant und setzte am 10. Juli 1808 seinen Bruder Joseph als König von Spanien ein. Jetzt begann unter der Führung von Adel und Geistlichkeit ein großer Volksaufstand. Die spanische Armee schloß sich den Aufständischen an und zwang am 22. Juli bei Bailen drei französische Divisionen zur Kapitulation. Diese Kapitulation erregte in ganz Europa ein ungeheures Aufsehen. Der Nimbus der Unbesiegbarkeit, den die Franzosen sich erworben hatten, war dahin. Die Ereignisse in Spanien markierten einen Wendepunkt. Bisher hatten die Armeen Napoleons gegen Söldnerheere gekämpft. Jetzt erhob sich zum ersten Male ein Volk gegen die französische Herrschaft. Für die Stabilität des napoleonischen Herrschaftssystems waren die Vorgänge in Spanien höchst gefährlich.

Wie in anderen Teilen Europas, so begann es auch in Norddeutschland zu gären. 1806/07 hatte hier die Masse der Bevölkerung dem Zusammenbruch Preußens und dem Triumph Napoleons gleichmütig gegenüber gestanden. Unter den Gebildeten hatte es viele gegeben, die Napoleon bewunderten und große Hoffnungen auf ihn setzten. Viele deutsche Intellektuelle sahen in ihm den Mann, der die Revolution von 1789 gebändigt und gleichzeitig ihre Errungenschaften bewahrt hatte. Als Napoleon im Herbst 1804 nach Aachen kam, spannten die begeisterten Menschen die Pferde seines Wagens aus und zogen ihn durch die Straßen. Von Preußen abgesehen, stand Napoleon auch nach 1806 bei vielen der Gebildeten in Deutschland noch einige Zeit lang in hohem Ansehen. Zum einen schätzte man die neuen Rechte, die auf seine Initiative hin eingeführt worden waren. Zum anderen glaubte man allgemein, es habe gerade erst ein langes napoleonisches Zeitalter begonnen. Zur Freude über die neuen Rechte und Freiheiten kam oft Kalkül. Wer in Westphalen und den Rheinbundstaaten als Beamter in Lohn und Brot stand oder als Freiberufler auf Kooperation mit den Staatsorganen angewiesen war, der bekannte sich in aller Regel demonstrativ zu der neuen Ordnung. In den Zeitungen nannte man Bonaparte mit Selbstverständlichkeit »Napoleon den Großen«. Und man bekundete seine »richtige« Gesinnung auch dadurch, daß man sich nach der französischen Mode kleidete.

Napoleon I., Kaiser der Franzosen (1769-1821)

Die harte Praxis des französischen Besatzungsregimes ließ dann aber viele Illusionen verfliegen. In breiten Bevölkerungskreisen breitete sich Unzufriedenheit aus. Mehr und mehr spürten die Menschen in Stadt und Land die Last der Fremdherrschaft. Immer wieder wurden napoleonische Truppen bei Bürgern und Bauern einquartiert und mußten beköstigt werden. So lagen am 16. und 17. Juli 1809 in den Erfurter Dörfern 16.000 holländische und westphälische Soldaten im Quartier. Die Bauern mußten den Franzosen Pferde liefern und Spanndienste leisten. Das hatte zur Folge, daß sie ihre Feldarbeit vernachlässigen mußten und die Ernteerträge sanken. Häufig plünderte durchziehendes Militär. Einige Industriezweige profitierten davon, daß die englische Konkurrenz durch die Kontinentalsperre ausgeschaltet wurde. Insgesamt aber schädigte diese Handel und Gewerbe schwer. So beschäftigten die Manufakturen der Familie Taschner im Erfurter Gebiet im Jahre 1808 3.000 Menschen und 1814 noch ganze 121. Der Wirtschaftskrieg gegen Großbritannien hatte zur Folge, daß in Deutschland und auf dem ganzen europäischen Kontinent Kaffee, Tabak und Baumwolle knapp wurden und sich arg verteuerten. Die Truppen der Rheinbundstaaten mußten an den Eroberungszügen Napoleons teilnehmen, und so starben in Spanien und später in Rußland Zehntausende deutscher Soldaten.

Am schwierigsten war die Situation Preußens. Bis zum Dezember 1808 blieb das Land mit Ausnahme der Provinz Ostpreußen besetzt. Die Kosten für die Versorgung der 150.000 Mann starken Besatzungsarmee wurden dem Land auferlegt. Obendrein mußte Preußen sich verpflichten, 120 Millionen Francs (32,4 Millionen Taler) Kriegskontribution zu zahlen. Napoleon hat sich später gerühmt, er habe aus dem Land eine Milliarde Francs herausgepreßt. Die Franzosen übten im besetzten Preußen eine strenge Zensur über alles Geschriebene und Gedruckte, kontrollierten die Post, die Verlage und die Buchhandlungen. Jegliche Kritik am Herrschaftssystem Napoleons wurde streng bestraft. Da Preußen durch den Frieden von Tilsit die Hälfte seines Staatsgebiets verloren hatte und finanziell am Rande des Ruins stand, mußte es Tausende von Beamten und Offizieren entlassen. Ein großer Teil dieser Menschen geriet dadurch in bittere Not und war natürlich für antifranzösische Propaganda empfänglich.

Der König von Preußen, Friedrich Wilhelm III., war ein schwungloser, schüchterner, ewig unentschlossener Mensch. Im Verlaufe des Jahres 1807 begriff er aber: sein gebeutelter Staat war nur durch tiefgreifende Reformen zu retten. So berief er denn im Juli den General Gerhard von Scharnhorst an die Spitze einer »Militär-Reorganisationskommission«. Wichtigster Mitarbeiter Scharnhorst wurde August von Gneisenau, der durch die erfolgreiche Verteidigung der Festung Kolberg ein berühmter Mann geworden war. Im Oktober ernannte der König den früheren Wirtschafts- und Finanzminister Karl Reichsfreiherr vom und zum Stein zum leitenden Minister. Die Reformer modernisierten unter äußerst komplizierten Bedingungen Staatsapparat, Wirtschaft und Militär und bereiteten insgeheim den künftigen Befreiungskrieg vor. Napoleon beschloß, selbst mit seiner Armee nach Spanien zu ziehen und den gefährlichen Aufstand niederzuwerfen. Das ging aber nur, wenn er im Osten den Rücken frei hatte. Der Kaiser wollte deshalb sicherstellen, daß der russische Zar Alexander I. für ihn die Österreicher in Schach hielt. Bereits im April 1808 hatte er deshalb mit dem Zaren ein Gipfeltreffen vereinbart. Alexander I. hatte nach seiner Niederlage im Jahre 1807 notgedrungen mit Napoleon ein Bündnis geschlossen. Das lief auf eine Teilung der Herrschaft über Europa hinaus, wobei Rußland der Juniorpartner Frankreichs war. In Rußland war das Bündnis unpopulär, zumal bei den adligen Großgrundbesitzern. Eine strikte Anwendung der Kontinentalsperre hätte zum Abbruch des einträglichen Getreideexportes nach Großbritannien geführt. Alexander mußte den Interessen des Adels Rechnung tragen und handhabte deshalb trotz des Drängens der Franzosen die Kontinentalsperre nur sehr lax.

Der Zar war 1808 erst 30 Jahre alt. Er war ein hochgewachsener gutaussehender Mann, der alle Welt durch Esprit und Charme zu bezaubern wußte. Dieser hochbegabte Selbstdarsteller trat gern in der Rolle des edlen Träumers auf. Daß er gleichwohl ein kühl rechnender Machtpolitiker war, merkten seine Verhandlungspartner meistens zu spät. Als Tagungsort für sein Treffen mit Alexander hatte Napoleon Erfurt ausgesucht, weil diese Stadt außerhalb der Grenzen Frankreichs lag, und er hier trotzdem den Hausherrn spielen konnte. Erfurt hatte bis zum Jahre 1802 zum Kurfürstentum Mainz gehört und war dann Preußen zugeschlagen worden. Seit 1807 war die Stadt samt ihrem Umland kaiserliche Domäne. Daß Alexander sich in Erfurt mit Napoleon treffen wollte, wurde in St. Petersburg allgemein mit großer Empörung aufgenommen. Seine Mutter Maria Feodorowna schrieb ihm: er werde Thron, Familie und Ehre verlieren, wenn er nicht Vernunft annehme. Der Zar reiste über Königsberg, wo sich das preußische Königspaar aufhielt, nach Weimar. Hier war seine Schwester Maria Pawlowna mit dem Erbprinzen von Sachsen-Weimar-Eisenach verheiratet. In Königsberg sprach der Monarch auch mit Stein, der ihn beeindruckte. Am 26. September 1808 schrieb Alexander von Weimar aus an seine Schwester Katharina: »Bonaparte behauptet, ich wäre ein Dummkopf. Wer zuletzt lacht, lacht am besten.« Napoleon beschloß, das Treffen in Erfurt als eine grandiose Schaustellung seiner Macht aufzuziehen, um dem Zaren zu imponieren. An die 34 Fürsten des Rheinbundes ergingen Einladungen, die in Wirklichkeit getarnte Befehle waren. Unter diesen Potentaten waren die Könige von Sachsen,

Bayern, Württemberg und Westphalen, die ihre Krone einzig und allein Bonaparte verdankten.

In Erfurt wurde das Treffen mit großem Aufwand vorbereitet. Hunderte von Handwerkern renovierten Gebäude, besserten Straßen aus und bereiteten Illuminationen und Spruchbänder vor. Zur Residenz des Kaisers wurde das ehemalige kurmainzische Statthalterpalais in der Regierungsstraße bestimmt. Das ist ein imposanter dreistöckiger Gebäudekomplex, der zu Beginn des 18. Jahrhunderts im Stil des fränkischen Barock errichtet wurde (heute dient er als Thüringer Staatskanzlei und Sitz des Ministerpräsidenten). Das Palais wurde mit Möbeln und Kandelabern im Empire-Stil sowie mit Sèvres-Porzellan ausgestattet. Die Räume, die für Napoleon selbst bestimmt waren, schlug man mit Gobelintapete im Wert von 40.000 Francs aus. Als Tagungsgebäude des Kongresses wurde das Ballhaus der Universität in der Futterstraße hergerichtet (seitdem wird das Gebäude auch »Kaisersaal« genannt).

Am 27. September 1808 war es so weit: Kurz nach 10.00 Uhr erreichte der Wagen Napoleons samt der Ehrengarde das Brühler Tor. Der Magistrat und Deputierte der Erfurter Bürgerschaft begrüßten den Kaiser und überreichten ihm symbolisch den Stadtschlüssel. Alle Glocken der Erfurter Kirchen läuteten, die Kanonen der Festung Petersberg donnerten. Die Menge jubelte, und die Soldaten der Garnison schmetterten ihr »Vive l'Empereur!« Noch am gleichen Tage fuhr Napoleon dem von Weimar kommenden Zaren entgegen. Bei Linderbach trafen sich die beiden Herrscher, und gemeinsam zogen sie in Erfurt ein. Im Hause des Fabrikanten Johann Friedrich Wilhelm Triebel, Anger 6, nahm Alexander mit seinem Gefolge Quartier. Die folgenden zweieinhalb Wochen bis zum 14. Oktober waren für Erfurt eine aufregende glanzvolle Zeit. Die Stadt war gleichsam über Nacht zum Mittelpunkt Europas geworden. Natürlich waren die Fürsten der Rheinbundstaaten alle erschienen oder hatten zumindest ihre Erbprinzen geschickt. Jeder der Potentaten hatte eine Schar von Ministern und Militärs, Höflingen und Domestiken mitgebracht. Auf diese Weise hatte sich die Einwohnerzahl der Stadt verdoppelt.

Nach außen hin bestand der »Kongreß« aus einem Reigen von Besuchen und Gegenbesuchen, Bällen, Ausflügen und Paraden. Dabei bestanden gewisse feste Regeln. Ab 9.00 Uhr hielt Napoleon – ganz wie einst der »Sonnenkönig« Ludwig XIV. – Lever (Morgenempfang). Zwischen 12.00 und 13.00 Uhr nahm der Kaiser allein ein Gabelfrühstück. Gegen 18.00 Uhr fand im großen Saal des Statthalterpalais das Abendessen statt.

Daran nahmen nur Napoleon, Alexander, die vier Könige und Alexanders Bruder Großfürst Konstantin sowie einige speziell eingeladene Gäste teil. Anschließend wurde im Ballhaus der Universität eine Theatervorstellung gegeben. Napoleon hatte die berühmtesten Schauspieler der »Comédie Française« mit Francois-Joseph Talma an der Spitze herbeizitiert. Abend für Abend wurden Tragödien von Racine, Voltaire und Corneille aufgeführt. Ein vielzitiertes Wort besagte, Talma und die Seinen hätten vor einem »Parterre von Königen« gespielt. Erst nach der Theatervorstellung fanden die politischen Gespräche zwischen Napoleon und Alexander statt. Wer die beiden Herrscher gemeinsam im Rampenlicht agieren sah, der mußte glauben, daß zwischen ihnen ein herzliches Einvernehmen bestand und das russisch-französische Bündnis unerschütterlich war. Als Voltaires Tragödie »Oedipe« gegeben wurde und der Darsteller des Philoktet ausrief: »Die Freundschaft eines großen Mannes ist eine Wohltat der Götter!«, erhob Alexander sich. Er reichte Napoleon mit großer Gebärde die Hand und umarmte ihn. Die anwesenden Fürstlichkeiten spendeten tosenden Beifall, der kein Ende nehmen wollte.

Auch Carl August, Herzog von Sachsen-Weimar-Eisenach, hatte seinerzeit in den Rheinbund eintreten müssen und war nun nach Erfurt gekommen – und mit ihm der berühmteste seiner Staatsdiener, Johann Wolfgang von Goethe. Am 1. Oktober nahm der Dichterfürst am Lever des Kaisers teil, und für den folgenden Tag wurde er in die Statthalterei bestellt. Er kam gegen 11.00 Uhr und wurde bald in das Erkerzimmer zu Napoleon geführt. Dieser tat gerade wie immer mehrerlei gleichzeitig: er aß und trank hastig, gab Audienz und erteilte verschiedenen Militärs Anweisungen. Der Kaiser und der Dichter waren keinen Augenblick allein, sondern es waren stets Militärs und andere Besucher anwesend. Goethe hat sich merkwürdigerweise erst viel später, am 15. Februar 1824, eine Aufzeichnung über seine Begegnung mit Napoleon gemacht. Der Kaiser begrüßte ihn mit den Worten: »Vous ètes un homme«, das wohl bedeuten sollte: »Sie sind ein großer Mann« oder »Sie stellen etwas dar«. Napoleon äußerte sich nun zunächst zu Fragen der Literatur. Er kritisierte Voltaires Drama »Mahomet« und machte sachverständige Bemerkungen über Goethes »Werther«. Schließlich kam er allgemein auf die so genannten Schicksalsdramen zu sprechen. Dabei fielen die vielzitierten Worte: »Was will man jetzt mit dem Schicksal? Die Politik ist das Schicksal.« Danach erhob Bonaparte sich, kehrte den übrigen Anwesenden den Rücken zu und wechselte mit Goethe einige vertrauliche

Sätze. Offenkundig schwebte ihm vor, daß der Dichter nach Paris kommen und hier ein Drama über Caesars Tod schreiben solle (möglicherweise hat er diesen Vorschlag nicht bereits am 2. Oktober, sondern vier Tage später bei einem Ausflug nach Weimar gemacht). Es versteht sich, daß durch das gewünschte Drama vom Ruhm des antiken Helden recht viel Abglanz auf den zeitgenössischen Helden fallen sollte. Letzten Endes sollte Goethe also für Propagandazwecke eingespannt werden.

Der Dichter mochte sich aber nicht so direkt engagieren und erst recht nicht an die Seine übersiedeln. Gleichwohl hat die Begegnung mit Napoleon ihn tief und nachhaltig beeindruckt. Noch sieben Jahre später hat er zu dem Kunstsammler Boisserée gesagt: Napoleon besitze den größten Verstand, den die Welt je gesehen habe.

Die Begegnung zwischen Goethe und Napoleon hat die Nachwelt immer wieder beschäftigt. In vielen geschichtlichen Darstellungen über diese Zeit erscheint sie geradezu als das wichtigste Ereignis des Erfurter Kongresses. Der politische Effekt des Gesprächs war jedoch minimal. Eine andere Begegnung in Erfurt, die nicht im Rampenlicht, sondern streng konspirativ stattfand, besaß hingegen eine eminente politische Bedeutung. Napoleon hatte auch Charles-Maurice de Talleyrand-Périgord, der bis 1807 sein Außenminister gewesen war, nach Erfurt mitgenommen. Dieser Mann besaß auch nach der Entlassung noch einen großen Einfluß, und Bonaparte übertrug ihm weiterhin wichtige Aufgaben. Der Diplomat und Lebenskünstler Talleyrand war ein hochintelligenter Mann, dabei völlig prinzipienlos. Er hat von der Revolutionsregierung bis zum »Bürgerkönig« Louis Philippe allen Regimes seiner Zeit gedient und sie alle überlebt. Talleyrand besaß eine feine politische Witterung. Er spürte: Die Kometenlaufbahn Napoleon überschritt gerade ihren Zenit. In Frankreich waren viele Menschen der langen und verlustreichen Kriege müde. Der Kaiser war dabei, den Bogen zu überspannen und trieb gewissermaßen Raubbau an den Kräften Frankreichs. Er war somit ein potentieller Verlierer – und Talleyrand pflegte auf der Seite der Sieger zu stehen. Der Exminister sah voraus, daß dereinst eine neue Koalition der europäischen Mächte Napoleon zu Fall bringen werde. Er rechnete damit, daß Zar Alexander in einer solchen Koalition eine maßgebliche Rolle spielen werde – und er beschloß, für seine Zukunft vorzusorgen und sich dem Sieger in spe zu empfehlen.

Napoleon hatte Talleyrand beauftragt, sich mit Alexander zu treffen und ihn in seinem Sinne zu beeinflussen. Der Exminister saß nun im

Salon der Fürstin Therese von Thurn und Taxis (einer Schwester der preußischen Königin Luise) mehrmals mit dem Zaren zusammen. Bereits bei ihrem ersten Gespräch packte er den Stier bei den Hörnern und sagte zu Alexander:

»Majestät, warum sind Sie hierher gekommen? Sie müssen Europa retten, und das wird Ihnen nur gelingen, wenn Sie sich Napoleon widersetzen. Das französische Volk ist zivilisiert – der französische Herrscher nicht; der russische Herrscher ist zivilisiert, das russische Volk nicht; infolgedessen muß der russische Kaiser der Verbündete des französischen Volkes sein.«

Talleyrand argumentierte: Die Grenzen bis zum Rhein, zu den Alpen und zu den Pyrenäen vorzuschieben, habe im nationalen Interesse Frankreichs gelegen. Alle anderen Eroberungen aber seien Eroberungen Napoleons, die nicht im Interesse Frankreichs lägen. Napoleon beriet an jedem Morgen mit Talleyrand darüber, wie das Bündnis mit Rußland gefestigt werden könne – und an fast jedem Tag schwor Talleyrand den Zaren auf den künftigen Kampf gegen Bonaparte ein. Napoleon ahnte nichts von diesem Doppelspiel. (Im übrigen hat Talleyrand den Zaren in den kommenden Jahren gegen gute Bezahlung über jedes französische Staatsgeheimnis, das ihm bekannt wurde, informiert. Da er mit dem Polizeiminister Joseph Fouché befreundet war, blieb ihm nur wenig verborgen).

Nach außen hin demonstrierte Alexander bereitwillig enges Einvernehmen mit Napoleon. Bei den Verhandlungen mit dem Kaiser erwies er sich aber als ein so zäher und schwieriger Partner, daß sich Napoleon wiederholt in Wutanfälle hineinsteigerte. Am 12. Oktober 1808 wurden Napoleon und Alexander sich einig: Der Zar erhielt grünes Licht, Finnland und die Donaufürstenhäuser Moldau und Walachei (das heutige Rumänien) in Besitz zu nehmen. Auch seine Forderung, die französischen Truppen aus dem Großherzogtum Warschau abzuziehen, wurde erfüllt. Dafür ließ er Napoleon in Spanien freie Hand und bekannte sich erneut zum Bündnis mit Frankreich. Alexander sagte zu, den Franzosen im Falle eines Krieges gegen Österreich Waffenhilfe zu leisten. Die Zusage war aber wertlos. Der Zar richtete nämlich an den österreichischen Kaiser Franz I. ein geheimes Schreiben, in dem er diesem versicherte, er habe im Kriegsfall von russischer Seite nichts zu befürchten. Napoleon hatte somit in Erfurt sein Hauptziel, sich von Rußland Rückendeckung gegen ein militärisches Vorgehen Österreichs zu verschaffen, nicht erreicht.

II. Von Erfurt bis zur Beresina

Ende August 1808, einen Monat vor der Eröffnung des Erfurter Fürstenkongresses, hatte die französische Polizei einen sehr unvorsichtigen Brief des Freiherrn vom Stein abgefangen. Aus dem Schreiben ging hervor, daß der Minister Kontakte zu patriotisch gesinnten Kreisen pflegen wollte, die im Königreich Westphalen und in Hessen Erhebungen gegen Napoleon vorbereiteten. Napoleon verlangte daraufhin vom preußischen König, Stein zu entlassen.

Ende November 1808 musste Stein gehen, doch wollte der Kaiser sich damit nicht begnügen. Am 16. Dezember erließ er einen Befehl: »Der namens Stein, welcher Unruhen in Deutschland zu erregen sucht«, sei ein Feind Frankreichs und des Rheinbundes. Er sei zu verhaften und seine Güter seien zu beschlagnahmen. Der Krieg, den Napoleon so gegen einen einzelnen Mann eröffnete, mißfiel selbst seinem Botschafter in Berlin, dem Marquis de Saint-Marsan. Dieser ließ Stein insgeheim warnen, und der Reichsfreiherr entkam Anfang Januar 1809 über die böhmische Grenze ins Reich der Habsburger.

Anfang November 1808 zog Napoleon mit seiner Armee nach Spanien. Seine Truppen rückten wieder in Madrid ein. Es gelang den Franzosen aber nicht, die gesamte Iberische Halbinsel wieder unter Kontrolle zu bringen. Die Spanier führten einen Guerillakrieg, der den französischen Truppen schwer zu schaffen machte. Obendrein operierten von Portugal aus britische Truppen unter dem Kommando des Generals Arthur Wellesley, dem späteren Herzog Wellington. Zu diesen Truppen gehörte auch die Deutsche Legion, die in England aus entlassenen Soldaten der hannoverschen Armee formiert worden war. In der Schlacht bei Talavera am 27./28. Juli 1809 stand die Legion der Rheinbund-Division gegenüber. In diesem Kampf wurden 2.000 deutsche Soldaten getötet oder verwundet. Bis in das Jahr 1813 hinein wurden durch den spanischen Volksaufstand und den Feldzug Wellesleys in Spanien 300.000 napoleonische Soldaten festgehalten.

Unterdessen hatte Österreich am 9. April 1809 Frankreich den Krieg erklärt. Am 21./22. Mai wurde Napoleon bei Aspern (östlich von Wien) zum ersten Male in offener Feldschlacht geschlagen. Doch sechs Wochen später, am 5./6. Juli, errang er bei Wagram den entscheidenden Sieg. Österreich mußte nach seiner Niederlage Salzburg und das Innviertel an Bayern abtreten, seine Küstengebiete an der Adria an Frankreich (wodurch es zum Binnenland wurde), Westgalizien an das Großherzogtum Warschau, einen Teil Ostgaliziens an Rußland. Die österreichische Armee durfte fortan nur noch 150.000 Mann umfassen. Johann Philipp Graf von Stadion, ein Patriot und Reformer vom Schlage des Freiherrn vom Stein, hatte Österreich in den Krieg geführt. Nach der Niederlage mußte er dem sehr flexiblen Klemens Fürst von Metternich weichen.

Bereits am 8. April hatten die Tiroler zu den Waffen gegriffen. Napoleon hatte Österreich 1805 gezwungen, das Land an seinen Bundesgenossen Bayern abzutreten. Die bayerische Verwaltung hatte sich schnell unbeliebt gemacht und wurde als Besatzungsregime empfunden. Zwischen Mai und August 1809 besiegten die Tiroler unter der Führung Andreas Hofers dreimal am Berg Isel bayerische Truppen. Doch im November zerschlugen weit überlegene französische, bayerische und andere rheinbündische Truppen das Tiroler Volksaufgebot. Viele Aufständische wurden exekutiert, ihre Höfe niedergebrannt. Hofer versteckte sich in einer Almhütte, wurde verraten und am 20. Februar 1810 in Mantua auf persönlichen Befehl Napoleons hin erschossen.

Auch der preußische Major Ferdinand von Schill erhob sich gegen Napoleon. Er hatte im Krieg von 1807 ein Freikorps aufgestellt und damit tollkühne Streifzüge gegen die Franzosen unternommen. Er war so zu Ruhm gekommen. Mittlerweile befehligte er ein Husarenregiment, das in Berlin stationiert war. Am 28. April 1809 verließ Schill mit seinem Regiment eigenmächtig Berlin. Er hoffte, im Königreich Westphalen einen Volksaufstand entfesseln zu können. Das gelang nicht, und so schlug Schill sich mit seiner Truppe nach Stralsund durch. Hier wurden die Schillschen am 31. Mai von holländischen und dänischen Truppen, Vasallen Napoleons, überwältigt. Schill fiel im Kampf. Mit Schill und Andreas Hofer hatte die antinapoleonische Bewegung fortan zwei Märtyrer.

In Preußen hatten die Nachfolger Steins dessen Reformwerk versanden lassen. Königin Luise betrieb deshalb mit Verve einen Regierungswechsel. Am 4. Juni 1810 war sie am Ziel: der König berief Karl August von Hardenberg zum Regierungschef und verlieh ihm den Titel »Staatskanzler«. Hardenberg war im Unterschied zu dem ungestümen und schroffen Stein in allen Lebenslagen Diplomat. Er führte die Reformpolitik zielstrebig und dabei flexibel fort. Gegenüber Napoleon betrieb er ein listiges Doppelspiel. Drei Tage nach seiner Ernennung, am 7. Juni 1810, drückte er in einem Brief an Napoleon seinen »tiefgefühlten Dank« aus, seine »innerste Überzeugung, daß Preußen nur dadurch wiederhergestellt werden kann, nur

Heinrich Friedrich Karl Reichsfreiherr vom und zum Stein (1757-1831), 1807-1808 leitender Minister Preußens, 1812-1816 politischer Berater des Zaren Alexander I.

dadurch seine Unabhängigkeit und sein zukünftiges Glück sichern kann, daß es Ihrem System folgt.« In dem Schreiben hieß es weiter: »Ich bin glücklich, daß mich der Wille meines Königs verpflichtet, die Geschäfte mit allen meinen Kräften in diesem Sinne zu führen; und es wäre der Gipfel meines Ruhmes, wenn ich damit zugleich die Zustimmung und das hohe Vertrauen Ew. Kaiserlichen und Königlichen Majestät gewinnen könnte«. Drei Monate später, am 14. September, traf Hardenberg sich heimlich an der böhmisch-schlesischen Grenze mit Stein, dem Erzfeind Napoleons, und beriet sich mit ihm.

Wenige Wochen nach der Ernennung Hardenbergs, am 19. Juli 1810, starb Königin Luise unerwartet im Alter von 34 Jahren. Am 30. Juli wurde sie im Berliner Dom beigesetzt. Ein Zeitgenosse, Wilhelm von Gerlach, berichtete am 18. August in einem Brief an seinen Bruder Leopold: »Der Tod der Königin hat viel Trauer erregt. ... Beim Leicheneinzug herrschte eine große Stille, und man sah überall auf der Straße Weinende aus allen Ständen.« In die Trauer der Menschen mischte sich tiefe Sorge darüber, was die Zukunft bringen werde.

In den folgenden Jahren wurde die Reform des preußischen Heeres in aller Stille erfolgreich weitergeführt. Napoleon hatte Preußen am 8. September 1808 die Konvention von Paris aufgezwungen. Sie sah vor, daß Preußens Armee nur 42.000 Mann umfassen durfte und daß keine Wehrpflicht eingeführt werden dürfe. Es gelang Scharnhorst und seinen Mitstreitern gleichwohl, eine schlagkräftige moderne Armee aufzubauen.

Die Prügelstrafe wurde abgeschafft, die Werbung ausländischer Söldner eingestellt und die Offizierslaufbahn auch für Bürgerliche geöffnet. Nach französischem Vorbild führte man die kombinierte Tirailleur- und Kolonnentaktik ein. An die Stelle des bisherigen Exerzierdrills trat eine gefechtsnahe Ausbildung. Generalität und Offizierskorps wurden gründlich erneuert. 1806 hatte es in der Armee 143 Generale gegeben. Davon sollten dann 1813 nur noch zwei – Gebhard Leberecht von Blücher und Bogislaw von Tauentzien – ein Kommando innehaben (Scharnhorst, Gneisenau, Ludwig von Yorck und Friedrich Wilhelm von Bülow besaßen 1806 noch keinen Generalsrang).

Zu dieser Zeit verschlechterte sich das Verhältnis zwischen Frankreich und Rußland zusehends. Hauptstreitpunkt war die Kontinentalsperre. Zar Alexander hatte sie nur lax gehandhabt. Trotzdem ging der Außenhandel Rußlands von 1806 bis 1808 um 53 % zurück, was die russischen Staatsfinanzen schwer schädigte. Im Jahre 1809 sorgte Napoleon auch in Rußland für große Empörung. Er führte nämlich ein Lizenzsystem für französische Schiffseigner ein. Diese durften fortan Getreide, Mehl, Wein und Spirituosen nach England exportieren, sofern sie auf der Rückfahrt Kolonialwaren und Baumwolle mitbrachten. Für Schiffseigner aller anderen europäischen Länder blieb der Handel mit England »natürlich« weiterhin verboten. Ein Jahr später annektierte Napoleon Holland und die gesamte deutsche Nordseeküste. Das betraf auch das Herzogtum Oldenburg, dessen Fürst ein Verwandter des Zaren war.

Am 30. Dezember 1810 hob der Zar die Kontinentalsperre für englische Waren auf. Es wurde klar, daß es zwischen Frankreich und Rußland zum Krieg kommen würde. Auch der preußische König mußte sich entscheiden. Entgegen dem Rat Hardenbergs schloß er mit Napoleon ein Bündnis. In dem entsprechenden Vertrag vom 24. Februar 1812 verpflichtete Preußen sich, am bevorstehenden Rußlandfeldzug mit 20.000 Soldaten – der Hälfte seiner Armee – teilzunehmen und die durch sein Staatsgebiet vorrückende »Große Armee« Napoleons zu verpflegen. Etwa 30 preußische Offiziere verließen empört die Armee, um in Rußland gegen Napoleon zu kämpfen. Zu ihnen gehörten Carl von Clausewitz und Hermann von Boyen.

Seit dem Frühjahr 1812 rückte die Masse von Napoleons Armee in Ostpreußen ein. Die Provinz hatte bereits im Feldzug von 1807 schwer zu leiden gehabt. Jetzt war sie einfach nicht imstande, Hunderttausende von Soldaten und Zehntausende von Pferden monatelang zu versorgen.

Die napoleonischen Truppen requirierten rücksichtslos Lebens- und Futtermittel, beschlagnahmten Pferde und Fuhrwerke, führten sich auf wie in Feindesland. Am 2. Mai 1812 berichtete der Regierungspräsident in Marienwerder, Ludwig Friedrich August Wissmann, an Friedrich August Stägemann, Sektionschef im Finanzministerium: »Das Vieh stirbt vor Hunger, die Straßen sind mit toten Bauernpferden bedeckt, zum Säen ist keine Zeit und kein Korn mehr, und die eine gute Ernte versprechende Wintersaat wird nun abgeweidet werden müssen.«

Am 24. Juni 1812 fiel Napoleon mit 450.000 Soldaten ohne Kriegserklärung in Rußland ein. Nur knapp die Hälfte seiner »Großen Armee« bestand aus Franzosen. Jeder dritte Soldat war ein Deutscher (darunter 30.000 Bayern, 27.000 Sachsen und 26.000 Westfalen). Hinzu kamen 60.000 Polen, 20.000 Italiener, 10.000 Schweizer, 10.000 Kroaten, Spanier und Portugiesen. Die russische Armee zählte nur 225.000 Soldaten. Sie ließ sich nicht auf eine Entscheidungsschlacht mit dem weit überlegenen Gegner ein, sondern zog sich geordnet tief ins Landesinnere zurück, lieferte dabei den Truppen Bonapartes erbitterte Nachhutgefechte. Diese

Napoleon 1812 in Moskau im brennenden Kreml

litten sehr bald unter Nachschubschwierigkeiten. Hohe Marsch- und Gefechtsverluste, Hunger und Krankheiten führten dazu, daß die Kampfkraft der »Großen Armee« rapide sank.

Beim Dorf Borodino, 124 Kilometer vor Moskau, stellte sich das 155.000 Mann starke Heer Michail Kutusows zum Kampf. Die »Große Armee« zählte noch 126.000 Soldaten. In der erbittert geführten Schlacht erlitten beide Seiten schwere Verluste. Napoleons Armee besetzte am 14. September Moskau. Binnen weniger Tage brannte die Stadt zu zwei Dritteln nieder. Napoleon mußte Moskau am 19. Oktober wieder räumen und den Rückzug antreten. Dabei ging die »Große Armee«, vom Heer Kutusows zügig verfolgt und von Kosaken und Partisanen pausenlos angegriffen, fast völlig zugrunde.

Ende November erreichten die napoleonischen Truppen die Beresina. Der Übergang über den Fluß wurde für sie zu einer Tragödie. Tausende von Soldaten fielen im Kampf gegen die nachdrängenden Russen oder ertranken in den eisigen Fluten. Nach der Überquerung zählte das Heer Napoleons noch 9.000 kampffähige Soldaten. Die nachgeführten Verstärkungen mitgerechnet, war die »Große Armee« mehr als 600.000 Mann

Überlebende der napoleonischen »Großen Armee«

stark gewesen. Davon waren 400.000 umgekommen und 100.000 in Gefangenschaft geraten. Von den 16.000 württembergischen Soldaten, die am Rußlandfeldzug teilnehmen mußten, sahen nur 500 die Heimat wieder.

III. Tauroggen – Die Tat des Generals Yorck

Zur Jahreswende 1812/13 gab ein General eigenmächtig den Anstoß für Preußens Weg in den Befreiungskrieg. Wir sprechen von Ludwig von Yorck, der seit dem 13. August 1812 die 20.000 preußischen Soldaten befehligte, die am Interventionskrieg Napoleons teilnehmen mußten. Diese Truppen waren als »27. Division« in das Armeekorps des Marschalls Alexandre Macdonald eingegliedert worden, das in Kurland kämpfte und die linke Flanke von Napoleons Hauptkräften sicherte. Zu ihrem Befehlshaber hatte man auf ausdrücklichen Wunsch Napoleons den profranzösisch gesinnten General der Infanterie Julius August von Grawert ernannt.

Scharnhorst hatte dafür gesorgt, daß man den im März 1812 zum Generalleutnant beförderten Yorck zum Stellvertreter Grawerts machte. Scharnhorst hatte bis 1810 das Kriegsministerium geleitet, ohne den Titel eines Kriegsministers zu haben. Weil die französischen Besatzer sein Wirken mit großem Argwohn betrachteten, hatte er dem König schließlich vorgeschlagen, ihn zu entlassen. Sein Nachfolger Albrecht von Hake wurde aber insgeheim vom König angewiesen, bei allen Entscheidungen das Einverständnis Scharnhorsts einzuholen.

Yorck hatte zu den erbitterten Feinden des Freiherrn vom Stein gehört und dessen Sturz mit bösen Worten kommentiert. Der General war gewiß ein stockkonservativer Mann, gleichzeitig aber ein preußischer Patriot. Er haßte die französische Fremdherrschaft.

In Rußland erkrankte Grawert bald, und Yorck übernahm das Kommando. Sein Verhältnis zum Korpskommandeur Macdonald war von Anfang an frostig. Russische Militärs drängten Yorck bereits Ende August, gemeinsam mit ihnen gegen Napoleon zu kämpfen. Doch der Royalist Yorck wollte nichts ohne das Einverständnis seines »Kriegsherrn« unternehmen. Da die »Große Armee« weitgehend vernichtet und die russische Armee auf 100.000 Mann zusammengeschmolzen war, erlangte Yorcks kampfstarker Truppenverband große Bedeutung. Am 26. Dezember erhielt Yorck einen Brief des russischen Generals Filippo Graf Paulucci. Dem Schreiben war ein Brief des Zaren Alexander an Paulucci vom 18. Dezember beigefügt. Der Zar schrieb darin: er wolle den Kampf jenseits der russischen Grenzen fortsetzen und Preußen so vergrößern, daß es wieder die Position erlangen würde, die es vor dem Krieg von 1806 eingenommen hatte. Yorck litt Gewissensqualen – sein König legte sich nicht fest und band ihm so die Hände. Schließlich rang Yorck sich dazu durch, ohne Erlaubnis aus Berlin mit der russischen Seite zu verhandeln. Am 30. Dezember traf er sich nahe Tauroggen in der Mühle beim Dorf Poscherun mit dem russischen General Johann von Diebitsch.

Diebitsch war übrigens erst 28 Jahre alt. Er galt als einer der fähigsten Generalstabsoffiziere der russischen Armee. Diebitsch war der Sohn eines preußischen Offiziers, der im Jahre 1798 nach Rußland gekommen war. Zur Verhandlung mit Yorck kam er mit zwei Offizieren, die beide aus Preußen stammten: Clausewitz und Karl Graf von Dohna-Schlobitten, dem Schwiegersohn Scharnhorsts.

Die beiden Generale verständigten sich auf folgende Konvention: Yorcks Truppen sollten den fortan als neutral geltenden Landstreifen zwischen Memel, Tilsit und dem Kurischen Haff besetzen. Für den Fall, daß König Friedrich Wilhelm III. das Abkommen nicht bestätigen sollte, verpflichtete Yorck sich, seine Truppen bis zum 1. März 1813 nicht gegen die russische Armee kämpfen zu lassen. Er hatte seine Soldaten davor bewahrt, in den Untergang der »Großen Armee« hineingerissen

Begegnung zwischen dem preußischem General Yorck und dem russischen General Diebitsch im Dezember 1812

Jacques Etienne Joseph Alexandre Macdonald, Marschall von Frankreich, befehligte 1812 das französische Armeekorps, dem das preußische Kontingent zugeteilt war

zu werden. Yorcks Entscheidung war offene Rebellion. Seine Tat stellte ein Fanal dar. Napoleon erklärte denn auch ahnungsvoll: »Der Abfall des Generals Yorck kann die Politik von Europa verändern.« Hermann von Boyen berichtete später in seinen Memoiren, der König sei über Yorcks Tat »in dem höchsten Maße aufgebracht« gewesen. Friedrich Wilhelm erklärte die Abmachung für nichtig und Yorck für abgesetzt. Er entsandte den Major Oldwig von Natzmer mit dem Auftrag nach Königsberg, Yorck zu verhaften. Die russischen Truppen ließen Natzmer aber nicht durch. Yorck berief sich darauf, daß der König in Berlin inmitten französischer Truppen nicht frei in seinen Entschlüssen sei – und übte sein Kommando weiterhin aus. Am 21. Januar tat er einen weiteren Schritt: Er rückte mit seinem Korps nach Westen vor, wobei seine Truppen sich vorerst hinter den russischen Linien hielten.

Nach dem Untergang von Napoleons »Großer Armee« waren in Rußland die Öffentlichkeit, die Mehrzahl der Militärs und auch der Oberbefehlshaber Kutusow gegen eine Fortführung des verlustreichen Krieges. Zar Alexander aber wollte gegen alle Widerstände den Krieg nach Deutschland und Westeuropa tragen, um Napoleon zu entmachten. Sein Berater Stein hat ihn sehr in diesem Entschluß bestärkt. Alexander ging es auch darum, das Großherzogtum Warschau, das die Kerngebiete Polens umfaßte, zu annektieren, und er gefiel sich in der Rolle des Befreiers von Europa.

Yorcks Tat hatte den russischen Truppen den Weg nach Ostpreußen freigemacht. Am 5. Januar 1813 rückten sie in Königsberg ein. Zweieinhalb Wochen später, am 22. Januar, traf Stein als Beauftragter des Zaren hier ein und übernahm die Regierungsgewalt. Einen Tag zuvor hatte König Friedrich Wilhelm III. Potsdam verlassen.

IV. Flammenzeichen aus Breslau

In Berlin befand sich eine französische Garnision. Staatskanzler Hardenberg drängte deshalb den König, sich nach Breslau, dem heutigen Wrocław, zu begeben, wo keine französische Truppen standen. Doch Friedrich Wilhelm zögerte wie immer. Am 17. Januar eilte Hardenberg sechsspännig zum König und berichtete, der französische Marschall Augereau wolle ihn gefangen nehmen. Doch erst am 21. Januar reiste der König mit einem Gefolge von 71 Personen. Der französische Gesandte Antonio Maria Filippo Graf Saint-Marsan war vorab informiert worden und begleitete den Monarchen. Die preußische Garde sicherte den Reiseweg, und am 25. Januar traf der König in Breslau ein. Einen Tag später folgte Hardenberg. Auch der österreichische Gesandte und der geheime britische Beauftragte Ludwig Georg von Ompteda kamen nach Breslau.

Friedrich Wilhelm III., 1797–1840 König von Preußen

Preußen begann nun aufzurüsten. Am 28. Januar setzte der König eine Kommission ein, die aus Scharnhorst, Staatskanzler Hardenberg und General Hake bestand und fortan die Rüstungsmaßnahmen leitete. Am 3. Februar 1813 erließ der König eine Verordnung über die Bildung freiwilliger Jäger-Abteilungen. Darin forderte er die jungen Männer der bürgerlichen Schichten auf, sich aus eigenen Mitteln auszurüsten und besondere Jäger-Formationen zu Fuß oder zu Pferde zu bilden.

Friedrich Wilhelm glaubte nicht, daß der Aufruf Erfolg haben werde. Er sagte: »Freiwillige aufrufen, ganz gute Idee; aber keiner kommen!« Entgegen dem königlichen Unkenruf füllten sich die Landstraßen Preußens schnell mit Tausenden von jungen Freiwilligen und von Krümpern (ehemaligen Soldaten, die nach kurzer Ausbildung wieder entlassen worden waren). Sie alle zogen nach Breslau oder in andere Regionen Schlesiens.

Unterdessen hatte Stein in Ostpreußen für den 5. Februar einen Landtag einberufen. Yorck sprach vor diesem Gremium und drängte darauf, einen Ausschuß zu bilden, der die Rüstungsmaßnahmen in der Provinz überwachen solle. Dieser Ausschuß traf sich dann in Yorcks Wohnung und beschloß, eine Landwehr von 20.000 Mann und eine Reserve von 10.000 Mann einzuberufen. Mit Ausnahme von Lehrern und Geistlichen wurden alle Exemptionen (Befreiungen) vom Militärdienst aufgehoben. Falls sich nicht genügend Freiwillige meldeten, so beschloß man, sollten die Einberufungen nach dem Losverfahren erfolgen. Der Landtag leitete, ohne die Genehmigung des Königs abzuwarten, unverzüglich die notwendigen Maßnahmen ein.

Vier Tage später, am 9. Februar, wurde in ganz Preußen der größte Teil der bisherigen Exemptionen aufgehoben. Befreit blieben Eigentümer von Bauernhöfen, Familienväter, Beamte und Geistliche. Nur ledige junge Männer sollten einberufen werden. Am gleichen Tag forderte Scharnhorst den Major Adolf von Lützow auf, beim König die Bildung eines Freikorps zu beantragen. Bereits am 18. Februar konnte das Freikorps errichtet werden. Es meldeten sich zahlreiche Freiwillige. Zum größten Teil waren das junge Männer, die nicht aus Preußen, sondern aus Gebieten Nordwest- und Mitteldeutschlands stammten. Da die Militärbehörden keine Uniformen liefern konnten, färbten die Freiwilligen ihre Zivilkleidung einheitlich schwarz. Kragen, Aufschläge und Achselklappen der Lützower waren ebenfalls schwarz, mit einer Einfassung von rotem Tuch. Die

Die preußische Armee 1813. Von links: Dragoner, Husar, Ulan, Musketier, Freiwilliger Jäger, Landwehrinfanterist, Kürassier

Der Militärreformer General Gerhard von Scharnhorst (1755-1813) war 1812/13 die treibende Kraft auf Preußens Weg in den Befreiungskrieg

Knöpfe waren gelb. Die Uniform der Lützower bildete so später die Vorlage für die schwarzrotgoldene deutsche Fahne. Das Freikorps leistete seinen Eid nicht auf den preußischen König, sondern auf »das Vaterland«.

Der König hatte sich noch immer nicht eindeutig festgelegt. Man verhandelte insgeheim gleichzeitig mit Frankreich, Rußland und Österreich. Friedrich Wilhelm III. neigte generell stark zum Pessimismus. Noch immer hegte er große Furcht vor Napoleon, und er argwöhnte, ein Befreiungskrieg könne wie der Krieg von 1806 zum Debakel werden. Auch wollte er die französische Vorherrschaft nicht gegen eine russische vertauschen. Gleichzeitig mißtraute er den Patrioten. Sein stockkonservativer Ratgeber Friedrich von Ancillon, der seit 1810 Erzieher des Kronprinzen war, bestärkte ihn in seinen Befürchtungen. Doch der König geriet mehr und mehr unter den Druck der öffentlichen Meinung, die den Befreiungskrieg forderte. Am 20. Februar berichtete Karl Ludwig Georg von Ompteda: »Wenn der König sich weigerte, die Mittel zu gebrauchen, die ihm seine Untertanen entsprechend dem allgemeinen Willen der Nation zur Verfügung gestellt haben, oder wenn er nur zögerte, die Anstrengungen zu unterstützen, die Rußland unternimmt, um die preußische Monarchie wiederherzustellen, halte ich die Revolution für unvermeidlich.«

Fünf Tage später berichtete der österreichische Gesandte tief besorgt nach Wien: »Die Geister sind in einer Gährung, die schwer zu beschreiben ist. General Scharnhorst übt unbegrenzten Einfluß. Die Militärs und die Häupter der Sekten haben sich unter der Maske des Patriotismus der Zügel der Regierung vollständig bemächtigt, der Kanzler wird vom Strome fortgerissen.«

Preußen wurde im Februar und März 1813 von Breslau aus regiert. Staatskanzler Hardenberg bildete hierzu neben dem königlichen Kabinett ein eigenes, das aus den Militärs Scharnhorst und Gneisenau, dem Adjutanten Ludwig Gustav Thile I und den Staatsräten Jordan und Theodor Gottlieb von Hippel bestand.

Am 27. Januar waren in Breslau zwei Briefe des Zaren an Friedrich Wilhelm eingetroffen, in denen Alexander den König mahnte, ein Bündnis abzuschließen. Doch erst am 9. Februar schickte Friedrich Wilhelm einen Beauftragten los, der mit der russischen Seite verhandeln sollte. Er entsandte nicht etwa den Patrioten Scharnhorst, sondern den Generaladjutanten Karl Friedrich von dem Knesebeck, einen Gesinnungsgenossen Ancillons. Die Verhandlungen, die Knesebeck im russischen Hauptquartier führte, kamen nicht vom Fleck. Auf den Rat des Freiherrn vom Stein hin überging Zar Alexander Knesebeck schließlich einfach. Ohne diesen zu verständigen, entsandte er Stein und den Staatsrat Johann Protasius von Anstett nach Breslau. Am 25. Februar trafen beide dort ein.

Stein war unterdessen an einem gefährlichen Nervenfieber erkrankt. Er konnte überhaupt nicht an den Verhandlungen teilnehmen und lag wochenlang in einem ärmlichen Gasthof darnieder. Der König und auch Hardenberg mieden ihn und erkundigten sich nicht einmal nach seinem Befinden.

Anstett aber wurde ganz schnell mit Hardenberg einig. Sie entwarfen einen Bündnisvertrag, der vorsah, daß Preußen in seinen Verhältnissen von 1806 wiederhergestellt werden sollte. Für den Krieg gegen Frankreich, so wurde festgelegt, solle Rußland 150.000 Soldaten stellen und Preußen 80.000.

Friedrich Wilhelm begriff endlich, in welch gefährlicher Situation er sich befand. Er trat die Flucht nach vorn an und stellte sich an die Spitze der patriotischen Bewegung. Am 26. Februar stimmte er dem Vertragsentwurf zu. Hardenberg unterschrieb den Text am 27. Februar in Breslau, Kutusow unterzeichnete ihn am 28. in Kalisch. Friedrich Wilhelm beförderte Gneisenau zum General und rehabilitierte Yorck – wirklich verziehen hat der König ihm aber nie. Am 16. März folgte die Kriegserklärung an Frankreich.

V. Der Befreiungskampf beginnt

Einen Tag nach der Kriegserklärung, am 17. März, erging die Verordnung zur Bildung der Landwehr. Sie sah vor: Alle Männer vom 17. bis 40. Lebensjahr, die nicht im stehenden Heer, das man jetzt »Linie« nannte, oder den Jäger-Abteilungen dienten, wurden der Landwehr zugeteilt. Auch für sie galten einige Exemptionen. Sie betrafen Beamte, Guts- und Fabrikbesitzer, Geistliche und Lehrer. Die Formierung, Ausbildung und Ausrüstung der Landwehr zog sich in die Länge. Es fiel dem verarmten, von Napoleon ausgeraubten Land schwer, für die neuen Einheiten Uniformen, Schuhe und Waffen bereitzustellen.

Gleichfalls am 17. März wandte sich der König notgedrungen mit dem Aufruf »An mein Volk« an seine Untertanen. Er gab darin Rechenschaft über die Ursachen und Ziele des Krieges und sprach die Untertanen als »Preußen und Deutsche« an. Der Aufruf wurde in allen Zeitungen Preußens veröffentlicht, die Pfarrer verlasen ihn von den Kanzeln. Bei den einfachen Menschen war 1813 die Anhänglichkeit an das Herrscherhaus ein wichtiges Motiv für die Kampfbereitschaft. Trotz der allgemeinen

Die ersten Kosaken in Deutschland

Verarmung spendeten Menschen aller Schichten 6,5 Millionen Taler für den Aufbau der Landwehr und die Pflege der Verwundeten.

Im beginnenden Befreiungskrieg zeigte ein großer Teil der männlichen Bevölkerung Preußens, namentlich der Jugend, einen starken Kampfeswillen. Die materielle Not, verursacht durch Fremdherrschaft, Kontributionszahlungen und Kontinentalsperre, hatte in breiten Bevölkerungskreisen tiefen Haß gegen das napoleonische Regime entstehen lassen.

In den Jahren seit 1806 war in Deutschland eine antinapoleonische Nationalbewegung entstanden. Im Winter 1807/08 hielt der Philosoph Johann Gottlieb Fichte (der im Jahre 1799 in Jena unter dem Vorwurf des Atheismus entlassen worden war) in Berlin seine berühmten »Reden an die deutsche Nation«, die er 1808 als Buch veröffentlichte. Darin erklärte er: das deutsche Volk kämpfe gegen die militärische und kulturelle Unterjochung durch Frankreich um seine Freiheit und Identität. Die romantischen Literaten beriefen sich auf die deutsche Vergangenheit und stellten dem Empire ein nationales Leitbild entgegen. Napoleon, den sie zunächst bewundert hatten, erschien ihnen nun als ein Ungeheuer.

In dem Bestreben, die Fremdherrschaft zu brechen, waren sich die verschiedenen Gruppierungen der Nationalbewegung einig. Ihre Vorstellungen darüber, was nach der Befreiung geschehen solle, gingen auseinander. Fichte, Ernst Moritz Arndt und der »Turnvater« Friedrich Ludwig Jahn wollten die Macht der Fürsten einschränken und Deutschland staatlich einigen. Friedrich Schlegel, Heinrich von Kleist, Adam Müller, Friedrich Gentz und andere waren nationalkonservativ eingestellt und idealisierten die alte Ordnung, die vor 1789 bestanden hatte. Ihr Patriotismus war rückwärtsgewandt.

Im Befreiungskrieg spielten dann neben Flugschriften und Presseartikeln patriotisch-nationale Lieder und Gedichte eine wichtige Rolle. Zu ihren Verfassern zählten neben Gelegenheitsdichtern auch die namhaften Romantiker Achim von Arnim, Clemens Brentano, Joseph Freiherr von Eichendorff, Max von Schenkendorf, Friedrich Schlegel und Ludwig Uhland. Namentlich Ernst Moritz Arndt bediente sich einer kraftvollen, eingängigen und zugleich volkstümlichen Sprache. Neben ihm gehörte der erst 22 Jahre alte Theodor Körner zu den populärsten Dichtern der Befreiungskriege. Im März 1813 verkündete er: »Es ist kein Krieg, von dem die Kronen wissen! Es ist ein Kreuzzug, s' ist ein heil'ger Krieg!« 1812/13 sorgten Freiherr vom Stein und Gneisenau dafür, daß Arndts Schriften in hohen Auflagen erschienen. Propagandisten wie Arndt und

Jahn predigten blindwütigen Haß – nicht nur gegen Napoleon, sondern pauschal gegen das französische Volk. Ein Teil der Romantiker schloß sich ihren nationalistischen Tiraden an. So rief Friedrich Schlegel zu einem »gänzlichen Vernichtungskrieg« gegen die durch und durch »verderbte« französische Nation auf.

VI. Die Armeen des Jahres 1813

Napoleon hatte am 3. Dezember 1812 die Trümmer der »Großen Armee« verlassen, um nach Paris zurückzukehren. Dort begann er sogleich damit, ein neues Heer aus dem Boden zu stampfen. 20.000 überlebende Offiziere und Soldaten des Rußlandfeldzugs, 40.000 Mann, aus Spanien zurückgerufen und 121.000 Soldaten, die weder in Spanien noch in Rußland eingesetzt worden waren, bildeten den Rahmen der neuen Armee.

In Frankreich galt für unverheiratete junge Männer die allgemeine Wehrpflicht. Die besitzenden Kreise konnten ihre Söhne vor dem Militärdienst bewahren, indem sie Stellvertreter bezahlten. Die Kosten für eine Stellvertretung waren festgelegt. Sie betrugen im Jahre 1806 4.000 Francs und 1810 8.000. Viele Soldaten, die ihre Dienstzeit abgeleistet hatten, verpflichteten sich als Stellvertreter neu. Auf diese Weise nahm die Armee Züge eines Berufsheeres an.

Die meisten der kampferprobten französischen Soldaten waren in Rußland und Spanien umgekommen, in Gefangenschaft geraten oder saßen in belagerten Festungen wie Danzig fest. So befanden sich allein in Großbritannien 120.000 französische Kriegsgefangene. Napoleons Armee von 1813 bestand überwiegend aus flüchtig ausgebildeten Rekruten. Große Teile des französischen Volkes sehnten sich nach Frieden. Früher waren die französischen Wehrpflichtigen begeistert zu den Fahnen geeilt. Bei den Einberufungen des Jahres 1813 mußten viele junge Männer von der Polizei geholt werden. Tausende entzogen sich durch Flucht dem Kriegsdienst.

Gleichwohl gelang es Napoleon, bis zum Frühjahr 1813 eine neue Armee aufzubauen, die den Truppen der Russen und Preußen zahlenmäßig deutlich überlegen war. Während des Waffenstillstands von Juni bis Mitte August 1813 konnte Napoleon seine Armee noch einmal erheblich verstärken. Der Anteil sehr junger und nur kurz ausgebildeter Soldaten war im Herbst noch größer als im Frühjahr. Jetzt waren zwei Drittel der Soldaten noch keine 20 Jahre alt. Viele dieser Soldaten waren den strapaziösen Märschen nicht gewachsen, zumal sie nur unzureichend mit Lebensmitteln versorgt wurden. Mitte August 1813 betrug der Krankenstand der französischen Armee 90.000 Mann.

1813, insbesondere beim Frühjahrsfeldzug, verfügte die französische Armee nur über wenig Kavallerie, die für Aufklärung und Verfolgung unentbehrliche berittene Truppe. Im Verlaufe des Rußlandfeldzuges hatte die Armee fast alle ihre Pferde verloren. Es erwies sich dann 1813 als unmöglich, in ausreichender Zahl Pferde neu zu beschaffen. Im Frühjahr 1813 gab es Tausende von Kavalleristen, für die kein Pferd vorhanden war. Hinzu kam, daß die Faustregel galt, die Ausbildung von Rekruten zu Kavalleristen brauche dreimal so viel Zeit wie die Ausbildung von Infanteristen.

Ungeachtet ihrer Schwächen war die französische Armee ein mächtiges Instrument in den Händen ihres gefürchteten obersten Feldherrn. Sie besaß ein erfahrenes Offiziers- und Unteroffizierskorps. Namentlich unter den Veteranen und den 50.000 Soldaten der Garde herrschte ein ungebrochener Kampfgeist, der sich stabilisierend auf die jungen Soldaten übertrug.

Zur Armee wurden nicht nur Franzosen einberufen, sondern auch junge Männer aus den von Frankreich annektierten Gebieten in Deutschland, Italien und Holland. Diese Soldaten zeigten sich 1813 weniger motiviert und zuverlässig als die Nationalfranzosen. Ähnliches galt für die Truppen, welche von den Rheinbundstaaten für das Heer Napoleons gestellt wurden. Absolut zuverlässig waren hingegen die polnischen Soldaten der napoleonischen Armee. Sie hofften, Napoleon werde den alten polnischen Staat wieder errichten. Besonderen Kampfeseifer zeigten sie, wenn sie russischen Truppen gegenüberstanden.

Die russische Armee war die zahlenmäßig stärkste im Lager der Verbündeten. Ihre einfachen Soldaten waren überwiegend Söhne leibeigener Bauern, die lebenslang dienen mußten. Keine andere Armee des Jahres 1813 besaß einen so großen Anteil altgedienter und kriegserfahrener Soldaten. Die Armee war gut ausgerüstet und bewaffnet. Ihre Truppen waren für ihre große Standfestigkeit bekannt, die sie besonders bei der Verteidigung zeigten. Auch nach Niederlagen und auf Rückzügen wahrten sie einen stabilen Zusammenhalt. Zur Armee gehörte eine zahlreiche leichte Reiterei, die aus Kosaken, Baschkiren und Kalmücken bestand.

1813 wurde in Preußen de facto, 1814 auch formell die allgemeine Wehrpflicht eingeführt. Bis zum August wurde die Armee auf eine Stärke von 280.000 Mann gebracht, darunter 30.000 Freiwillige. Bei der Ausrüstung und Bewaffnung mußte viel improvisiert werden. Insbesondere die Soldaten der Landwehr waren nur kurz ausgebildet und schlecht bewaffnet. Gleichwohl zeichneten auch sie sich durch einen großen Kampfgeist aus. Von den 7.121 Offizieren, die im Jahre 1806 dem alten Heer angehört hatten, nahmen 3.898 am Befreiungskrieg teil. Die regulären Truppen waren im Zuge der Heeresreform sehr gut ausgebildet worden. Über die preußische Linieninfanterie hat der Militärreformer Hermann von Boyen später geschrieben: »Ich halte sie für die beste Infanterie, die mir noch vorgekommen ist. Sie war ohne alle Kleinigkeitskrämerei gut geübt und hatte in den vorhergegangenen Gefechten Vertrauen und Erfahrung gewonnen; ein rühmliches Ehrgefühl war unverkennbar.«

Ab August 1813 griff die österreichische Armee in den Krieg ein. Unter ihren Soldaten überwogen Tschechen, Ungarn und Rumänen. Das Offizierskorps und die Artillerieeinheiten bestanden größtenteils aus Deutschen. Die Truppen waren diszipliniert, ein erheblicher Teil der Soldaten allerdings nur kurz ausgebildet. Besonders leistungsfähig waren Kavallerie und Artillerie. Auch die schwedischen Truppen kamen erst ab August zum Einsatz. Sie waren diszipliniert und gut bewaffnet, besaßen aber keine Kampferfahrung.

Hinsichtlich der Bewaffnung gab es zwischen den verschiedenen Armeen keine gravierenden Unterschiede. Die Infanterie aller fünf Armeen war mit Steinschloßgewehren bewaffnet. Das Steinschloßgewehr war ein Vorderlader mit glattem Lauf, der mit Schwarzpulver und einer eisernen Kugel geladen wurde. Sein Kaliber lag bei 18 Millimetern. Das Pulver be-

Die russische Armee 1813. Von links: Infanterist, Jäger, Reitender Artillerist, Infanterietrommler, Donkosak, Baschkir, Kürassier, Ulan

fand sich in einer Patrone aus Papier. Das Gewehr konnte nur im Stehen geladen werden. Dabei mußte der Schütze die Papierpatrone mit den Zähnen aufreißen, das Pulver in den Lauf des Gewehres schütten und dann Papier und Kugel mit dem Ladestock hineinstoßen. Beim Abfeuern der Waffe schlug ein Feuerstein, der am Gewehrschloß angebracht war, einen Funken und entzündete die Treibladung. Wegen des Feuersteins oder Flintsteins wurde das Gewehr meist »Flinte« genannt. In einigen Armeen bediente man sich noch der alten Bezeichnung »Muskete«. Treffsicher war das Steinschloßgewehr nur auf eine Entfernung bis zu 100 Metern.

Die Artillerie aller Armeen bestand aus Kanonen (Flachfeuergeschützen) und Haubitzen (Steilfeuergeschützen). Sie verschoß eiserne Vollkugeln, Granaten (mit Schwarzpulver gefüllte Hohlgeschosse) und Kartätschen (dünnwandige Geschosse, die mit Kugeln oder Eisensplittern gefüllt waren). Das Kaliber der Geschütze wurde nach dem Gewicht der verwendeten eisernen Vollkugeln unterschieden (6-Pfünder, 12-Pfünder usw.). Kanonen und Haubitzen waren Vorderlader. Die Treibladung bestand aus Schwarzpulver, das in Beuteln aus Stoff abgepackt war. Die wirksame Schußweite betrug bei Vollkugeln und Granaten etwa 700 Meter, bei Kartätschen 400 Meter. Geübte Kanoniere konnten pro Minute 2 bis 3 Schüsse abgeben. Das Kartätschenfeuer konnte gegen große Ziele (gegnerische Truppen in Linie oder Kolonne) verheerend wirken.

Es wird geschätzt, daß bei den Kampfhandlungen 80 % aller Todesfälle und Verwundungen durch Gewehrkugeln hervorgerufen wurde und 15 % durch Artilleriegeschosse. Die übrigen Verluste wurden durch die Blankwaffen der Kavallerie verursacht. Verluste durch Bajonettkämpfe gab es nur selten.

Die russische, österreichische und namentlich die preußische Armee hatten in taktischer und organisatorischer Hinsicht von der französischen Armee gelernt, hatten deren Tirailleur- und Kolonnentaktik und deren Gliederung in Divisionen und Korps übernommen.

VII. Der Frühjahrsfeldzug

Seit Ende Februar 1813 war in Hamburg ein Aufstand gegen die französischen Besatzer im Gange. Am 13. März mußte Marschall Laurent Gouvion Saint-Cyr mit den französischen Truppen die Stadt verlassen. Vier Tage später rückte Oberst Friedrich von Tettenborn mit einem 1.300 Mann starken russischen Truppenverband (Kosaken und reguläre Kavallerie) in Hamburg ein, von der Bevölkerung begeistert begrüßt. Tettenborns Abteilung war eines von mehreren Streifkorps, deren Aufgabe es war, Erhebungen der deutschen Bevölkerung gegen die französische Fremdherrschaft zu unterstützen und den Nachschub der napoleonischen Truppen zu stören.

Als Ende März die gemeinsame Kriegführung der Verbündeten begann, waren die russischen Truppen 64.000 Mann stark, die preußischen 60.000. Ihnen standen an der Elblinie 88.000 Mann napoleonischer Truppen gegenüber, die von Eugène de Beauharnais kommandiert wurden. Die preußischen Truppen befehligte Gebhard Leberecht von Blücher, Oberbefehlshaber der Verbündeten war Feldmarschall Kutusow.

Am 27. März besetzten russische Truppen Dresden, am 30. durchquerte das Korps Blüchers die Stadt in Richtung Altenburg. Der sächsische König Friedrich August I. hatte sein Land verlasen. Am 5. April kam es bei Möckern nahe Magdeburg zum ersten größeren Gefecht. Die russischen und preußischen Truppen siegten, obwohl sie in der Minderzahl waren. Am 28. April starb der greise Kutusow, und Zar Alexander ernannte den General Wittgenstein zum Oberbefehlshaber.

Drei Tage zuvor, am 25. April, war Napoleon mit seiner neu formierten Armee in Erfurt eingetroffen. Er rückte in Richtung Leipzig vor, bei Weißenfels vereinigten sich seine Truppen mit denen Eugène de Beauharnais. Die Armee der Verbündeten stand mittlerweile südlich von Leipzig im Gebiet von Lützen – jenem historischen Areal, wo im Jahre 1632 die Heere des Schwedenkönigs Gustav Adolf und Wallensteins aufeinander geprallt waren. Napoleon verfolgte das Ziel, die russisch-preußische Armee vom preußischen Staatsgebiet abzuschneiden und über die böhmische Grenze zu drängen. Alles in allem verfügte er über 145.000 Soldaten, die Verbündeten lediglich über 88.000. Am 1. Mai erreichte das 43.000 Mann starke Korps des Marschalls Ney das Dörferviereck Großgörschen – Kleingörschen – Raja und Kaja. Am Tag darauf kam es zur Schlacht, wobei die Truppenteile beider Seiten erst nach und nach eintrafen. Zur

Mittagsstunde griff das preußische Korps Blüchers die Truppen Neys an und erstürmte die vier Dörfer. Am Nachmittag wechselten die Dörfer in erbittertem Kampf mehrmals den Besitzer. Auf Seiten der Verbündeten fehlte es an einer einheitlichen Kommandoführung. Ein Generaladjutant des Zaren, Ludwig Graf von Wolzogen, schrieb später: »Inmittelst kommandierte eigentlich niemand oder vielmehr jedermann: der Kaiser, d'Auvray [Stabschef Wittgensteins], Diebitsch, Blücher, Scharnhorst, ja selbst die Generaladjutanten des Kaisers, am allerwenigsten aber Wittgenstein, der gar nicht einmal recht wußte, wo die Brigaden und Regimenter standen.«

Napoleon hingegen behielt die Führung straff in der Hand und verstand es, die zahlenmäßige Überlegenheit seiner Armee zur Geltung zu bringen. Am Abend befand sich nur noch Großgörschen in der Hand der Verbündeten. Für den kommenden Tag drohte ihnen die Umklammerung durch die napoleonischen Truppen. Man beschloß deshalb, den Rückzug anzutreten. In der Nacht zum 3. Mai kam Zar Alexander zum preußischen König, der schon im Bett lag und teilte ihm mit, daß der Rückzug unvermeidlich sei. Als der Zar gegangen war, rief Friedrich Wilhelm aus: »Das ist ja wie bei Auerstedt!«

Das preußische Regiment Garde zu Fuß beim Sturm auf Großgörschen, 2. Mai 1813

Michail Illarionowitsch Kutusow (1745–1813), 1812 bis 1813 Oberbefehlshaber der russischen Armee

Friedrich Wilhelm war ein notorischer Schwarzseher. In Wirklichkeit hatte Napoleon nur einen mageren Sieg errungen. Die Preußen und Russen hatten tapfer gekämpft und ihre Feuerprobe mit Bravour bestanden. 8.500 preußische und 3.000 russische Soldaten waren gefallen oder verwundet worden. Die napoleonischen Truppen aber hatten 22.000 Mann verloren. Die Verbündeten zogen sich in guter Ordnung zurück. Da Napoleon nur über wenig Kavallerie verfügte (7.600 Reiter gegen 24.100), konnte er sie nicht wirksam verfolgen.

Nach der Schlacht bei Großgörschen zogen die Verbündeten sich in die Oberlausitz zurück. Der sächsische König unterwarf sich wieder Napoleon und stellte ihm seine Armee zur Verfügung. Deren Oberbefehlshaber, General Johann Adolf Freiherr von Thielmann, legte sein Kommando nieder und trat in russische, später in preußische Dienste.

Napoleon folgte den Russen und Preußen mit dem größten Teil seiner Armee. Er verfügte jetzt über 190.000 Soldaten, die Verbündeten über 96.000. Napoleon hatte seine Kavallerie auf 19.500 Mann verstärken können. Qualitativ war sie der Kavallerie der Verbündeten weiterhin unterlegen.

Am 20. Mai stießen beide Heere bei Bautzen zusammen. Die russisch-preußischen Truppen hatten am rechten Ufer der Spree eine langgestreckte Stellung bezogen. In Bautzen selbst befand sich das russische Korps Miloradowitsch, östlich der Stadt das preußische Korps Kleist. Die französischen Truppen überschritten die Spree und eroberten bis zum Abend Bautzen. Napoleon hatte sich das Ziel gestellt, die russisch-preußische Armee einzukesseln und zu vernichten.

Ludwig Peter Adolf Graf zu Sayn-Wittgenstein (1768-1842), russischer General, Ende April bis Ende Mai 1813 Oberbefehlshaber der verbündeten russischen und preußischen Truppen.

Am frühen Morgen des 21. Mai griff Marschall Ney bei Klix an, stürmte mit seinen Truppen das Dorf Preititz und schob sich so zwischen die Korps Barclay und Blücher. Napoleon selbst stieß auf Litten vor. Die französische Artillerie nahm die russisch-preußischen Stellungen unter heftiges Feuer. Die russischen und preußischen Truppen hatten wiederum tapfer gekämpft, doch gegen 16.00 Uhr mußte ihr Hauptquartier den Rückzug anordnen. Während der Schlacht hatte Zar Alexander das Kommando weitgehend an sich gerissen. Den Rückzug zu organisieren, überließ er dann Wittgenstein. Der legte das Kommando nieder, Michail Barclay de Tolly wurde sein Nachfolger.

Napoleon hatte erneut gesiegt – doch wiederum reichte es nur zu einem mageren Triumph. Die Verbündeten hatten in der mörderischen Schlacht 15.000 Mann verloren, die Franzosen hingegen 25.000. Napoleon rief am Abend des 21. Mai unwillig aus: »Wie, nach einer solchen Schlächterei kein anderes Ergebnis, keine Gefangenen, keine Fahnen! Diese Leute werden mir nicht einen Nagel zurücklassen!« Die russisch-preußische Armee zog sich, durch ihre Kavallerie wirksam abgeschirmt, in tadelloser Ordnung nach Schlesien zurück. Von Auflösung oder gar Panik keine Spur. Blüchers Truppen konnten bei Haynau sogar am 26. Mai die Vorhut der verfolgenden französischen Armee fast vollständig vernichten.

Neun Tage nach der Schlacht bei Bautzen, am 30. Mai, mußte Tettenborn mit seiner Abteilung aus Hamburg abziehen. Die Stadt wurde nun von französischen und dänischen Truppen besetzt. Marschall Louis

Gebhard Leberecht von Blücher (1742-1819), preußischer Generalfeldmarschall, befehligte 1813/14 die aus russischen und preußischen Truppen bestehende Schlesische Armee

Nicolas Davout und sein General Dominique-René Vandamme verhängten ein blutiges Strafgericht. Alle am Aufstand Beteiligten, deren man habhaft werden konnte, wurden vor ein Kriegsgericht gestellt. Dörfer im Umfeld von Hamburg, aus denen heraus auf die französischen Truppen geschossen worden war, wurden niedergebrannt.

Die Niederwerfung des Hamburger Aufstands hatte den Nebeneffekt, daß Napoleons fähigster Marschall Davout mit 40.000 Soldaten im Norden festgehalten wurde und nicht in die Kampfhandlungen in Sachsen und Schlesien eingreifen konnte.

Napoleon hatte die Verbündeten zweimal besiegt. Seine Truppen hatten aber schwere Verluste erlitten, und unter seinen jungen Soldaten herrschte ein hoher Krankenstand. Napoleon wollte deshalb seine Armee verstärken und reorganisieren, und so bot er den Verbündeten einen Waffenstillstand an. Am 1. Juni einigte man sich in Pläswitz auf eine dreitägige Waffenruhe, der am 4. Juni der endgültige Waffenstillstand folgte. Er sollte bis zum 27. Juli gelten, wurde aber dann noch bis zum 17. August verlängert.

Die Bedingungen des Waffenstillstands lauteten: Die französischen Truppen mußten Breslau, das sie bereits besetzt hatten, wieder räumen. Zwischen den Truppen beider Seiten wurde eine 20 bis 40 Kilometer breite neutrale Zone eingerichtet. Die Verbündeten verpflichteten sich, die französischen Truppen, die von ihnen in den Festungen Danzig, Modlin, Zamość, Glogau, Küstrin und Stettin belagert wurden, mit Lebensmitteln zu versorgen.

VIII. Die Zeit des Waffenstillstands

Wie viele andere preußische Patrioten war auch Gneisenau über den Abschluß des Waffenstillstands empört. Am 5. Juni schrieb er an den König: »Der für 7 Wochen abgeschlossene Waffenstillstand war unnötig und ist schädlich in militärischer, finanzieller, politischer und psychologischer Hinsicht. ... Alle und jede Nachrichten sagen uns, daß der Feind des Waffenstillstands weit mehr bedurfte als wir. Er war einem Zustand der Auflösung nahe. Durch den Waffenstillstand haben wir ihm Zeit und Mittel gegeben, sich zu erholen und zu verstärken.«

In den folgenden Wochen sollte sich aber zeigen, daß nicht Napoleon, sondern die Verbündeten aus der Waffenruhe die größeren Vorteile zogen. Napoleon sollte deshalb während seiner Verbannung auf die Insel Sankt Helena sagen: als er den Verbündeten den Waffenstillstand anbot, habe er den größten Fehler seines Lebens begangen.

Zwei Wochen nach Abschluß des Waffenstillstands schlossen Vertreter Großbritanniens und Preußens in Reichenbach ein Bündnis. Die Briten verpflichteten sich, Preußen durch die Zahlung von 666.666 Pfund Sterling (etwa 3,3 Millionen Taler) zu unterstützen. Sie trugen so erheblich dazu bei, die Rüstungsanstrengungen Preußens zu finanzieren.

Bald darauf kam es zu einem hinterhältigen Anschlag auf das Freikorps Lützow. Dieser Verband hatte Ende Mai 3.245 Mann umfaßt, darunter 894 Berittene. Am 29. Mai hatte Lützow mit der Kavallerie seines Freikorps in Richtung Hof einen Vorstoß in das gegnerische Hinterland unternommen. Erst am 11. Juni, als er sich mittlerweile in Plauen aufhielt, erfuhr er vom Waffenstillstand. Dieser sah vor, daß sich die Streifkorps der Verbündeten bis zum 12. Juni hinter die vereinbarte Demarkationslinie zurückziehen mußten. Lützow begann am 15. mit dem Rückmarsch. Am 17. Juni wurden die Lützower bei dem Dorf Kitzen (östlich von Großgörschen) von einer Übermacht französischer und württembergischer Truppen überfallen, obwohl ihnen freies Geleit zugesichert worden war. Etwa 30 Lützower wurden getötet, 327 gefangen genommen. Lützow selbst entkam mit wenigen Begleitern. Als Reaktion auf den Überfall stellten die Verbündeten die Versorgung der französischen Truppen in den belagerten Festungen ein.

Im Juni traf der österreichische Außenminister Klemens von Metternich sich mit dem Zaren. Napoleon erfuhr davon. Er rechnete noch nicht damit, daß Österreich sich seinen Gegnern anschließen würde. Napoleon war seit 1810 mit Marie Louise, der Tochter des österreichischen Kaisers Franz I., verheiratet und klammerte sich an die Hoffnung, sein Schwiegervater werde nicht gegen ihn die Waffen erheben. Doch er wollte sichergehen und lud deshalb Metternich zu einer Unterredung nach Dresden ein. Am 26. Juni kam es dann im dortigen Palais Marcolini zu dem berühmten Treffen, das neun Stunden dauerte. Der Österreicher nannte dem Kaiser die Bedingungen dafür, daß sein Land neutral bleiben und einen Frieden vermitteln werde: Napoleon müsse auf das unter französischer Vorherrschaft stehende Großherzogtum Warschau, auf die 1810 annektierten Teile Norddeutschlands und auf Illyrien (Dalmatien) verzichten. Auch müsse er einer Vergrößerung Preußens, das 1807 durch den Frieden von Tilsit die Hälfte seines Staatsgebiets verloren hatte, zustimmen.

Napoleon weigerte sich strikt, auf diese Bedingungen einzugehen. Metternich verwies darauf, daß die jungen französischen Soldaten im Grunde noch Kinder seien und fragte, was denn geschehen werde, wenn auch diese gefallen seien. Napoleon steigerte sich in einen Wutausbruch hinein. Metternich berichtete später, Napoleon habe geschrieen: »Ein Mann wie ich schert sich wenig um das Leben einer Million Menschen.« Er deutete dabei an, der Kaiser habe in Wirklichkeit ein derberes Wort verwendet. Aus einer unveröffentlichten Aufzeichnung des Ministers geht hervor, daß Napoleon tatsächlich gesagt hat: »Ein Mann wie ich scheißt auf das Leben von einer Million Menschen.«

Bereits einen Tag nach diesem Treffen schloß Österreich mit Rußland und Preußen eine geheime Konvention ab. Sie besagte: falls Napoleon sich definitiv weigern werde, die von Metternich formulierten Bedingungen zu akzeptieren, dann werde Österreich gegen ihn in den Krieg eingreifen.

In diesen Tagen traf die Verbündeten und namentlich die patriotischen Kräfte in Preußen ein schwerer Verlust: Scharnhorst erlag den Folgen einer Verwundung, die er in der Schlacht bei Großgörschen erlitten hatte. Er hatte sich an diesem Tage wiederholt ins Kampfgetümmel gestürzt. Zwei Pferde waren unter ihm erschossen worden. Am Abend wurde er von einer Kugel ins linke Bein getroffen. Die Verwundung schien nicht gefährlich zu sein. Doch Scharnhorst schonte sich nicht und brach zu einer Reise nach Wien auf, um die Regierenden Österreichs für den Anschluß an das russisch-preußische Bündnis zu gewinnen. Er kam jedoch nur bis nach Prag. Vom Krankenbett aus verhandelte er mit dem österreichischen Feldmarschall Karl Philipp Fürst Schwarzenberg und dessen Stabschef

Adolf von Lützow (1782-1834), Kommandeur des nach ihm benannten Freikorps, das am 17. Juni 1813 während des Waffenstillstands von napoleonischen Truppen überfallen wurde

Josef Graf Radetzky. Der Zustand seiner Wunde verschlimmerte sich. Heftiges Fieber stellte sich ein. Am 28. Juni starb er. Scharnhorst wurde in Prag beigesetzt, dann aber auf den Invalidenfriedhof in Berlin überführt. Dort steht sein Grabmal mit dem bronzenen schlafenden Löwen, das Karl Friedrich Schinkel entworfen hat.

Preußen nutzte den Waffenstillstand, um seine Streitkräfte massiv zu verstärken. Die Landwehr war im Frühjahrsfeldzug noch nicht zum Einsatz gekommen. Sie wurde jetzt so weit organisiert, bewaffnet und notdürftig ausgebildet, daß sie im Herbst mit 120.000 Mann in den Kampf eingreifen konnte. Hervorragenden Anteil daran hatte Gneisenau. Er leitete in Schlesien mit großer Tatkraft die Formierung der Landwehr – und allein diese Provinz stellte 50.000 Mann.

Unterdessen berieten vom 10. bis 12. Juli im Schloß Trachenberg nahe Breslau Zar Alexander, König Friedrich Wilhelm III. und der schwedische Kronprinz Karl Johann über die künftige Kriegführung. Der Kronprinz hatte bereits einen erstaunlichen Lebensweg hinter sich. Er war Franzose und hieß mit bürgerlichem Namen Jean-Baptiste Bernadotte. Er stieg während der Französischen Revolution vom Sergeanten zum Divisionsgeneral auf. 1798 heiratete er Désirée Clary, die einstige Verlobte Napoleons. Seit 1804 war er Marschall von Frankreich. 1809 überwarf er sich mit Napoleon, 1810 adoptierte ihn der schwedische König Karl XIII.

Vertreter Österreichs nahmen an dem Treffen in Trachenberg nicht teil, doch man rechnete bereits damit, daß das Habsburgerreich sich den Verbündeten anschließen werde. Man einigte sich auf einen Feldzugsplan, der in der Hauptsache von dem russischen General Karl von Toll und von Gneisenau stammte. Für den bevorstehenden Feldzug sollten drei Armeen gebildet werden: eine Nordarmee, eine Schlesische Armee und eine Böhmische Armee. Die Nordarmee und die Böhmische Armee sollten offensiv gegen Napoleon vorgehen. Die Schlesische Armee hingegen (die nur 50.000 Mann stark sein sollte) sollte Zusammenstöße mit den gegnerischen Hauptkräften vermeiden. Bernadotte trat in Trachenberg sehr selbstbewußt auf. Er beanspruchte das Kommando über die Nordarmee, und Zar und König stimmten zu. Als der Kronprinz aber obendrein das Kommando über die Schlesische Armee forderte, weigerten die beiden Monarchen sich.

Nachdem Österreich sich dann definitiv auf die Seite der Verbündeten gestellt hatte, wurde der Trachenberg-Plan unter der Federführung Radetzkys modifiziert. Für alle drei Armeen sollte nun gelten: Würde eine von ihnen von der Hauptmacht Napoleons angegriffen, dann sollte sie zurückweichen. Gleichzeitig sollten die beiden anderen Armeen die ihnen gegenüberstehenden französischen Truppen attackieren.

Während des Waffenstillstands kam es in Erfurt zu Unruhen. Napoleon hatte bereits im Januar ein Dekret erlassen, in dem die Einberufung von 1.000 jungen Erfurtern in die französische Armee angeordnet wurde. Am 19. Juli sollte der Abmarsch der Rekruten erfolgen. Doch an diesem Tage brach ein Aufruhr der Erfurter Bürger aus, den die Franzosen nur mit Waffengewalt niederwerfen konnten. Mehr als 20 Personen wurden verhaftet. Ein französisches Militärgericht verurteilte zwei junge Männer, den Tünchergesellen Johann Georg Günscher und den Tagelöhner Johann Christian Schnabel, als angebliche »Urheber des Aufstandes« zum Tode. Am 4. August wurden beide erschossen.

Auf das Drängen Metternichs hin hatte Napoleon einem Friedenskongreß in Prag zugestimmt. Erst am 28. Juli entsandte er Armand de Caulaincourt als seinen Unterhändler in die böhmische Metropole an der Moldau. Dieser hatte lediglich den Auftrag, auf Zeit zu spielen. Schließlich forderte Metternich ihn ultimativ auf, sich zu den Bedingungen zu äußern, die er Napoleon bereits am 26. Juni genannt hatte. Auftragsgemäß lehnte Caulaincourt diese Bedingungen ab. Am 10. August erhielt er seine Pässe, am 12. August erklärte Österreich Frankreich den Krieg.

Durch das Eingreifen Österreichs verschob sich das militärische Kräfteverhältnis stark zuungunsten Napoleons. Gleichzeitig verringerte sich im Lager der Verbündeten die Rolle der patriotischen Kräfte erheblich. Hatte bisher Zar Alexander die politische Strategie der Verbündeten bestimmt, so nahm nunmehr Metternich darauf in wachsendem Maße Einfluß. Er bestand nicht auf einem Sturz Napoleons, sondern hätte es auch akzeptiert, wenn in Frankreich ein geschwächter Napoleon weiter regiert hätte. Er wollte so eine Vorherrschaft Rußlands verhindern.

IX. Der Herbstfeldzug bis Mitte Oktober

Während des Frühjahrsfeldzugs war Napoleons Heer den Verbündeten zahlenmäßig erheblich überlegen gewesen. Diese Überlegenheit ging während des Waffenstillstands durch das Eingreifen der Österreicher, den Einsatz der preußischen Landwehr und das Eintreffen russischer Verstärkungen verloren. Zu Beginn des Herbstfeldzugs Mitte August 1813 verfügte Napoleon über folgende Kräfte:

Armee	Befehlshaber	Stärke	Geschütze	Aufstellungsraum
Hauptarmee	Napoleon I.	174.000	560	Zittau – Görlitz-Pirna
Boberarmee	Ney	130.000	388	Katzbach-Bober
Berlinarmee	Oudinot	70.000	216	Luckau-Dahme
XIII. Korps	Davout	38.000	76	Unterelbe (Hamburg)
Zwischenkorps	Girard	15.000	28	Magdeburg-Wittenberg

Unter diesen 427.000 Mann waren 50.000 deutsche Soldaten aus den Rheinbundstaaten. Bayern hatte 25.000 Mann gestellt, die aber noch nicht auf dem Kriegsschauplatz eingetroffen waren. 50.000 napoleonische Soldaten waren in den belagerten Festungen eingeschlossen.

Die Verbündeten hatten, wie bereits in Trachenberg beschlossen, drei Armeen gebildet – die Hauptarmee oder Böhmische Armee, die Nordarmee und die Schlesische Armee:

Armee	Befehlshaber	Stärke	Geschütze	Aufstellungsraum
Hauptarmee	Schwarzenberg	255.000	692	Nordböhmen
Nordarmee	Bernadotte	125.000	290	Brandenburg
Schles. Armee	Blücher	105.000	339	Schlesien

Hinzu kam das selbständige Korps des Generalleutnants Ludwig Georg Thedel von Wallmoden-Gimborn. Es umfaßte 27.000 Mann (Russen, Schweden, Engländer, Mecklenburger, die preußischen Freikorps Lützow und Reiche und die Russisch-Deutsche Legion) und stand in Mecklenburg.

Wir Heutigen wissen, daß Napoleon am Ende des Herbstfeldzugs in der Völkerschlacht bei Leipzig seine entscheidende Niederlage erlitt. Doch es hatte durchaus nicht zwangsläufig so kommen müssen. Gewiß waren die Verbündeten mit ihren 511.000 Mann zahlenmäßig überlegen. Doch hatte Napoleon nicht wiederholt zahlenmäßig stärkere Gegner besiegt? Er besaß im Herbst 1813 gegenüber den Verbündeten zwei

Vorteile: Er konnte auf der inneren Linie operieren und versuchen, die drei gegnerischen Armeen jeweils einzeln mit Übermacht anzugreifen und zu schlagen. Und er übte eine straffe einheitliche Kommandogewalt über alle seine Truppen aus.

Einer der fähigsten russischen Generale, Eugen von Württemberg, hat später in seinen Memoiren geschrieben: Im August 1813 habe er mit einem Sieg der Verbündeten gerechnet. Als er dann nach dem Kriege erfahren habe, wie »uneinig und zerstritten« deren oberste Führung gewesen sei, habe ihn der Erfolg sehr erstaunt.

Die Befehlsverhältnisse bei den Verbündeten waren chaotisch. Der österreichische Feldmarschall Schwarzenberg war formell Oberbefehlshaber aller drei Armeen. Tatsächlich aber mischten sich Zar Alexander und König Friedrich Wilhelm III. und deren Berater, die sich allesamt im Hauptquartier aufhielten, beständig in Schwarzenbergs Kommandogewalt ein. Alexander ließ sich von Alexej Araktschejew, Diebitsch, den Franzosen Antoine de Jomini und Jean-Victor Moreau sowie von Toll beraten, Friedrich Wilhelm insbesondere von dem »Schreibtischgeneral« Karl von dem Knesebeck. In einem Brief an seine Frau am 5. September stöhnte Schwarzenberg: »... wirklich unmenschlich ist es, was ich dulde und trage, umgeben von Schwächlingen, Gecken aller Art, exzentrischen Projekteschmieden, Intrigants, Dummköpfen, Schwätzern, Kritikastern, oft glaubte ich zu unterliegen.«

Die russischen Generale der Hauptarmee führten Schwarzenbergs Anweisungen nur dann aus, wenn der Zar und seine Berater zugestimmt hatten. De facto kommandierte Schwarzenberg weder die Nordarmee noch die Schlesische Armee. Selbst in der Hauptarmee konnte er lediglich dem österreichischen Kontingent unmittelbar Befehle erteilen.

Bernadotte, der Befehlshaber der Nordarmee, verfolgte eigene Ziele. Er vermied es strikt, das schwedische Kontingent seiner Armee verlustreichen Kämpfen auszusetzen, weil er seine Position in Schweden nicht gefährden wollte. Insgeheim machte er sich Hoffnungen, Napoleon als Herrscher über Frankreich zu beerben.

An der Spitze der Schlesischen Armee standen zwei patriotische Feuerköpfe: Blücher als Befehlshaber und Gneisenau als sein Stabschef. Die Fähigkeiten und Eigenschaften des »Soldatenvaters« und erfahrenen Taktikers Blücher und des strategischen Planers Gneisenau ergänzten einander aufs beste. Allerdings machten beiden Widersetzlichkeiten der Korpskommandeure Yorck und Alexandre de Langeron arg zu schaffen.

Jean Baptiste Jules Bernadotte (1763-1844), Marschall von Frankreich, seit 1810 schwedischer Kronprinz, befehligte 1813/14 die Nordarmee der Verbündeten

Die beiden genannten Vorteile Napoleons sollten im Verlaufe des Herbstfeldzuges nicht zum Tragen kommen. Seine Hoffnung, die gegnerischen Armeen einzeln besiegen und möglichst vernichten zu können, erfüllte sich nicht. Griff er eine dieser Armeen mit Übermacht an, dann wich diese – ganz wie im modifizierten Trachenberg-Plan vorgesehen – aus, und die beiden anderen Armeen rückten gegen die Truppen seiner Marschälle vor. Die Truppen Napoleons waren auf diese Weise schließlich durch endloses strapaziöses Hin- und Hermarschieren völlig erschöpft.

Auch der Vorteil von Napoleons straffer Kommandoführung wurde nicht recht wirksam. Bei seinen ersten Feldzügen hatte Napoleon Generalen gegenübergestanden, die noch ganz der vorsichtigen und umständlichen Manöverstrategie des 18. Jahrhunderts folgten. Napoleon konnte die taktischen und organisatorischen Vorteile und die überlegene Kampfmoral, welche die französische Armee damals noch besaß, voll ausspielen. Ihm ging es nicht darum, die gegnerischen Armeen auszumanövrieren, sondern er war bestrebt, sie zu vernichten. Er bewegte seine Truppen auf dem Gefechtsfeld mit ungewohnter Schnelligkeit und schuf dort, wo er die Entscheidung herbeiführen wollte, eine massive Überlegenheit der Kräfte. Noch im Jahre 1806 waren die Spitzen der preußischen Generalität aus Furcht vor Napoleons Feldherrengenie geradezu gelähmt gewesen. Mittlerweile hatten die russischen, preu-

Charles Nicolas Oudinot (1767-1843), Marschall von Frankreich, befehligte im Herbstfeldzug 1813 die napoleonische Berlin-Armee

ßischen und österreichischen Militärs aber von Napoleon gelernt. Es gab zwar das Befehlschaos an der Spitze der verbündeten Armeen. Auf deren zweiter Befehlsebene aber kommandierte eine Anzahl fähiger Generale. Genannt seien von den Russen Levin von Bennigsen, Barclay de Tolly, Diebitsch und Eugen von Württemberg, bei den Preußen Blücher, Friedrich Wilhelm von Bülow, Gneisenau und Yorck, bei den Österreichern Schwarzenbergs Generalstabschef Radetzky. Diese Militärs, so sollte sich zeigen, agierten flexibler als die sieggewohnten französischen Marschälle, denen Napoleon durch seinen despotischen Führungsstil allmählich die Bereitschaft zu selbständigem Handeln ausgetrieben hatte.

Am 17. August lief der Waffenstillstand aus. Sechs Tage später kam es bei Großbeeren zur ersten Schlacht des Herbstfeldzuges. Napoleon hatte am 14. August dem Oberbefehlshaber seiner Berlin-Armee, Marschall Oudinot, mitgeteilt: er erwarte von ihm, daß er Berlin erobern und »die Landwehr und die ganze Masse schlechter Truppen« zerstreuen werde. Diese Ordre zeugt von einer sträflichen Unterschätzung der Nordarmee der Verbündeten, die fast doppelt so stark wie Napoleons Berlin-Armee war.

Die Berlin-Armee rückte in drei Kolonnen vor, ihre rechte Kolonne – das IV. Korps (Bertrand) – stieß am Vormittag bei Blankenfelde auf einen Teil des preußischen Korps Tauentzien. Die Landwehrformationen Tauentziens leisteten erbitterten Widerstand und drängten schließlich die Truppen Bertrands zurück. Das Hauptgefecht entwickelte sich bei dem Dorf Großbeeren. Hier stand das französische VII. Korps (Reynier) dem 38.000 Mann starken preußischen Korps Bülows gegenüber. Das VII. Korps zählte 19.000 Soldaten, in ihrer Mehrheit Sachsen. Die sächsische Division Sahr nahm am Nachmittag Großbeeren ein.

Bernadotte, der Oberbefehlshaber der Nordarmee, befahl daraufhin Bülow, sich bis auf den Kreuzberg bei Berlin zurückzuziehen. Bülow ließ ihm mitteilen, er sei gerade im Begriff, Großbeeren zurückzuerobern – und Bernadotte befahl ihm nunmehr, das Dorf einzunehmen. Gegen 18.00 Uhr griff Bülow an.

Es regnete in Strömen, und die Gewehre funktionierten deshalb nicht. Im Handgemenge wurde mit Bajonett und Gewehrkolben gekämpft. Die Preußen erstürmten schließlich Großbeeren. Reyniers Korps geriet in eine sehr kritische Lage. Im letzten Augenblick tauchte jedoch Kavallerie des französischen XII. Korps (Oudinot) in der Flanke des Bülowschen Korps auf. Der Rückzug Reyniers wurde dadurch sehr erleichtert. Das schwedische Korps Stedingk und das russische Korps Wintzingerode standen unterdessen zwischen Gütergotz und Ruhlsdorf Gewehr bei Fuß, weil Bernadotte mit Angriffen des französischen XII. Korps rechnete. An den folgenden Tagen zog sich die gesamte Berlin-Armee nach Wittenberg zurück, von Bernadotte nur zögerlich verfolgt. Sie hatte 3.000 Mann verloren, die Nordarmee 1.000. Die Bedrohung Berlins war vorerst abgewendet – und die Preußen hatten ihren ersten Sieg im Jahre 1813 errungen.

Unterdessen war die Hauptarmee der Verbündeten vom 20. August an in Sachsen eingerückt. Ihr Ziel war Leipzig. Am 22. August stellte sich heraus, daß dort keine französischen Truppen standen und Dresden nur

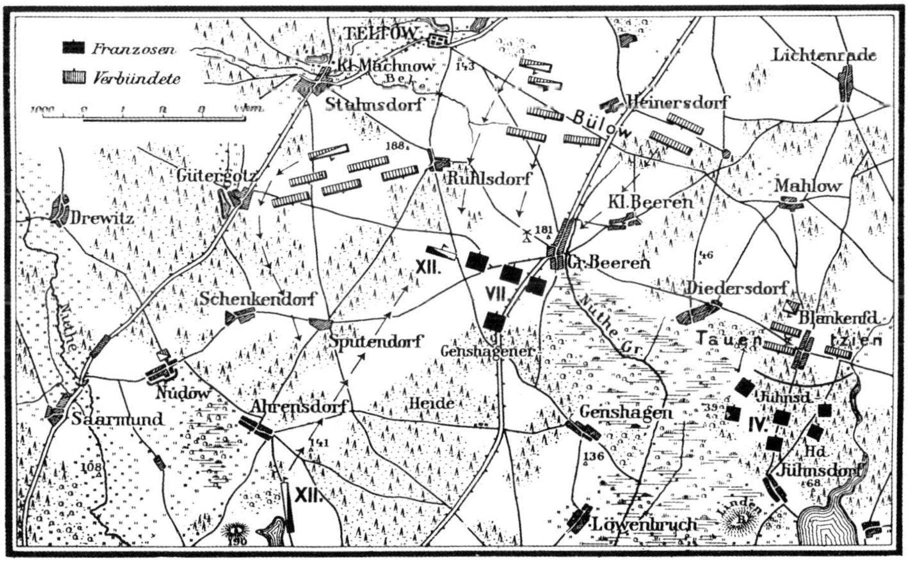

Die Schlacht bei Großbeeren am 23. August 1813

von schwachen Kräften gesichert war. Man beschloß nun, Dresden einzunehmen. Am 25. August trafen die ersten Verbände der Hauptarmee vor Dresden ein. Ihnen standen lediglich 29.000 französische Soldaten gegenüber. Die Führung der Hauptarmee verlor kostbare Zeit und griff Dresden erst am 26. August an.

Mittlerweile war Napoleon von Bautzen her mit den Hauptkräften seiner Armee im Anmarsch. Beim Angriff auf Dresden verzettelten die Verbündeten am 26. August ihre Kräfte und kamen nicht voran. Sie hatten eigentlich keinen Zusammenstoß mit Napoleon selbst gewollt, ließen sich aber dann doch darauf ein. Sie verfügten am 27. August über 154.000 Soldaten, Napoleon über 147.000.

Napoleon verfolgte das Ziel, die beiden Flügel der Hauptarmee zu zerschlagen und danach die Rückzugsstraßen der Verbündeten zu blockieren. Er wollte die Hauptarmee so auf Gebirgswege abdrängen und vernichten. Es gelang ihm, die beiden Flügel der Hauptarmee zu zerschlagen. Bei diesen Kämpfen fielen 10.000 Soldaten der Verbündeten oder wurden verwundet, 15.000 (fast ausschließlich Österreicher) gefangen genommen. Auch General Moreau fand den Tod.

Napoleon ließ das 35.000 Mann starke Korps Vandammes über Pirna vorstoßen, um den Verbündeten den Rückzugsweg abzuschneiden. Vandamme stieß bei Berggießhübel und dann bei Kulm auf russische Truppen, die erbitterten Widerstand leisteten. Am 30. August führte einer der namhaften Militärreformer, Karl von Grolman, das preußische II. Armeekorps des Generals Friedrich von Kleist auf einem unbekannten Seitenweg in den Rücken Verdammes. Dessen Korps geriet so gewissermaßen zwischen zwei Mühlsteine und wurde völlig zertrümmert. 10.000 Soldaten und auch Verdamme selbst gerieten in Gefangenschaft. Durch die Schlacht bei Kulm wurde das Debakel von Dresden zum Teil wettgemacht und die Hauptarmee der Verbündeten aus einer schwierigen Situation befreit.

Zeitgleich mit der Schlacht bei Dresden kam es zur Schlacht an der Katzbach. Napoleon hatte versucht, mit stark überlegenen Kräften (205.000 Mann) die Schlesische Armee zum Kampf zu stellen. Die Schlesische Armee zog sich bis hinter die Katzbach zurück und ließ den Angriff ins Leere laufen. Am 23. August wurde Napoleon klar, daß er Blücher nicht weiter verfolgen konnte, weil die Hauptarmee der Verbündeten mittlerweile seine Versorgungsbasis Dresden bedrohte. Er setzte sich mit der Garde und den Korps von Marmont und Victor nach Dresden in

Friedrich Wilhelm von Bülow (1775-1816), preußischer General, siegte bei Großbeeren und Dennewitz, hatte großen Anteil am Sieg bei Waterloo

Marsch. Dem Oberbefehlshaber der Bober-Armee, Macdonald, befahl er, Blücher zu verfolgen und in Oberschlesien festzuhalten.

Als Blücher merkte, daß Napoleon mit einem großen Teil seiner Truppen abgezogen war, ging er in die Offensive. Am 26. August stießen beide Armeen bei strömenden Regen zusammen. Die Bober-Armee überschritt mühsam die Flußläufe der Katzbach und der Wütenden Neiße und bewegte sich die bewaldeten Uferhänge hinauf. Westlich der Neiße leistete das russische Korps Langeron hinhaltenden Widerstand. Ostlich der Neiße wurden die französischen Truppen durch den Angriff des preußischen Korps Yorck und des russischen Korps Osten-Sacken völlig überrascht und in die Flucht geschlagen.

Erst durch die anschließende Verfolgung wurde die Schlacht an der Katzbach für die Franzosen zur Katastrophe. Noch vor dem Morgengrauen des 27. August begannen die Truppen Langerons mit der Verfolgung. Die erschöpfte französische Infanterie, deren Musketen im Regen nicht funktionierten, stand den Angriffen der russischen Kavallerie hilflos gegenüber. Am 29. August ergab sich General Puthod mit mehr als 4.000 Mann. Insgesamt nahmen die russischen und preußischen Truppen 18.000 Franzosen gefangen und erbeuteten 103 Geschütze.

In der Nacht zum 27. August schrieb Gneisenau, der Generalstabschef der Schlesischen Armee, an den Königsberger Kaufmann Alexander

Gibsone, mit dem er befreundet war, einen Brief. Darin sagte er über die Strapazen, denen die Soldaten der Schlesischen Armee ausgesetzt waren und über ihre Stimmung: »Die Armee kämpft mit Ungemach, Beschwerden und Mangel; durch die in dem unaufhörlichen Regen ausgetretenen Gewässer watet der Soldat bis über den Gürtel. Die durch Freund und Feind von Fuhrwerken entblößten, von ihren Einwohnern verlassenen Dörfer bieten weder Transportmittel noch Erquickung an. Die Lebensmittel können wegen dieses Mangels an Fuhrwerk und wegen der grundlosen Wege nicht herangeschafft werden. Viele, sehr viele Soldaten gehen barfus. Indessen der wackere Soldat erträgt alles Ungemach und alle Entbehrungen mit Geduld, ohne Murren, selbst mit Heiterkeit.«

Die Kommandoführung Blüchers und Gneisenaus während der Schlacht an der Katzbach nahm die vielberufene Auftragstaktik vorweg. So heißt es in einer Weisung Gneisenaus an Yorck vom 28. August: Bei der Verfolgung der Bober-Armee sollten die Kommandeure der Kavallerie »nach ihrer Einsicht« selbständig handeln.

In der ersten Septemberwoche setzte Napoleon den Oberbefehlshaber der Berlin-Armee, Oudinot, ab und übertrug Marschall Michel Ney das Kommando. Auf Napoleons Befehl hin ging die Berlin-Armee, die mittlerweile 58.000 Mann stark war, erneut in die Offensive. Am 6. September stieß sie auf die preußischen Korps Tauentzien und Bülow. Sie wurde zurückgeschlagen und mußte sich nach Torgau zurückziehen. Die Berlin-Armee hatte 22.000 Mann verloren (darunter 13.000 Gefangene), die Preußen 11.000. Erst am Abend hatten auch russische und schwedische Truppen eingegriffen, und der Oberbefehlshaber Bernadotte war erst auf dem Schlachtfeld erschienen, als alles entschieden war. Die preußischen Generale der Nordarmee, insbesondere Bülow, betrachteten fortan die zögerliche Kriegführung Bernadottes mit größtem Mißtrauen.

Am Tag der Schlacht an der Katzbach fiel der Dichter Theodor Körner im Gefecht bei Gadebusch. Nationalistisch gesinnte deutsche Historiker haben den Dichter später zum »deutschen Heldenjüngling« stilisiert. Das Freikorps Lützow, dem Körner angehört hatte, war während des Waffenstillstands neu formiert worden. Beim Herbstfeldzug war es dem Korps des Generals Wallmoden zugeteilt. Am 16. September zerschlug das Korps im Gefecht an der Göhrde den Truppenverband des französischen Generals Péchaux. Bei diesem Kampf wurde das »Heldenmädchen« Eleonore Prochaska, das unerkannt als »August Renz« in das Freikorps Lützow eingetreten war, schwer verwundet. Eleonore Prochaska starb am

5. Oktober an ihrer Verletzung. Nach ihrem Tod wurde sie als »deutsche Jeanne d'Arc« verklärt.

In den Schlachten an der Katzbach, bei Kulm und Dennewitz hatte die Armee Napoleons deutlich größere Verluste als die Armeen der Verbündeten erlitten. Die Streifkorps der Verbündeten, die im Hinterland der französischen Armee operierten, störten deren Versorgung mit Lebensmitteln und Munition erheblich. Gleichwohl verschob Schwarzenberg den erneuten Einmarsch der Hauptarmee in Sachsen immer wieder. Er vereinbarte mit den zwei Monarchen in seinem Hauptquartier, daß die Schlesische Armee nach Böhmen verlegt werden sollte, um beim Vorstoß nach Sachsen seine rechte Flanke zu sichern.

Gneisenau durchkreuzte diesen Plan. Er entwarf am 11. September einen Brief an den Zaren Alexander, den Blücher dann unterschrieb. Darin hieß es: wenn die Schlesische Armee sich so weit von der Nordarmee entfernen würde wie Schwarzenberg das vorsehe, würde Bernadotte »in Untätigkeit verfallen«. Blücher schickte den Major Rühle von Lilienstern mit dem Brief zu Alexander und Friedrich Wilhelm III., um diesen das Anliegen des Briefes zu erläutern. Die beiden Monarchen entschieden: Die Schlesische Armee solle ihre Selbständigkeit behalten. An ihrer Stelle solle die russische Reservearmee (die auch Polnische Armee genannt wurde) unter General Bennigsen nach Böhmen marschieren.

Blücher schloß daraufhin am 15. September einen Brief an seine Frau mit den Worten: »Lebe wohl und sei vergnügt, es wird alles gut werden. Napoleon ist in der Tinte«. Sein Stabschef Gneisenau schrieb am 26. September an Clausewitz: »Bei der großen Armee entwirft man stets neue Pläne und kommt nie zur Ausführung, und nach zwei Siegen treibt sich der Kronprinz von Schweden zwischen der Nuthe und der Elbe herum. Wir also wollen die Szene eröffnen und die Hauptrolle übernehmen, da die andern es nicht wollen.«

Wenige Tage später rissen Blücher und Gneisenau die strategische Initiative an sich. Die Schlesische Armee rückte von Bautzen nach Nordwesten bis in die Gegend von Wittenberg vor. Beim Dorf Wartenburg überschritt sie am 3. Oktober die Elbe. Auf dem westlichen Flußufer hatte ein französischer Truppenverband von 14.000 Mann in und um Wartenburg eine starke Stellung bezogen, die von sumpfigen Gelände umgeben war. Erst nach hartem Kampf gelang es dem Yorckschen Korps, diese Stellung einzunehmen. Beim Sturm auf Wartenburg hatte sich insbesondere die schlesische Landwehr ausgezeichnet. Am 7. Oktober berichtete Gneisenau in einem Brief an Staatskanzler Hardenberg über den Angriff: »Die Landwehren spielten hierbei mit die vorzüglichste Rolle, namentlich das Bataillon Sommerfeld aus dem Hirschberger Kreise, großenteils aus Leinewebern bestehend. [...] Seht! Dort rückt das Bataillon des Leibinfanterieregiments an den Feind; die wollen was Besseres sein als ihr, redete der General Horn die Landwehrmänner an. Nein! Nein! Wir sind ebenso gut als sie, antworteten die Landwehrmänner, und zugleich mit den anderen setzten sie an den Feind. Möchten Ew. Exzellenz diese braven, armen Leute sehen, wie sie der notwendigsten Kleidungsstücke ermangeln und den Krankheiten und der Ermattung erliegen, es würde Ihnen das Herz pressen.«

Napoleon strebte nun an, die Schlesische Armee zum Kampf zu stellen. Er zog 140.000 Mann zusammen und ließ gegen die vorrückende Hauptarmee der Verbündeten lediglich Marschall Murat mit 44.000 Mann stehen. Er rückte auf Bad Düben zu, wo er vom 10. bis 14. Oktober blieb. Die Schlesische Armee wich seinem Vorstoß aus, indem sie nach Westen die Saale überschritt. Am 11. Oktober stand sie bei Halle. Die Nordarmee, die ihr endlich gefolgt war, stand nördlich davon. Napoleon beging

General Yorck beim Angriff auf Wartenburg, 3. Oktober 1813

nun den Fehler, die Truppen des Marschalls Gouvion Saint-Cyr (35.000 Mann) in Dresden zu belassen. Bennigsen schloß Dresden mit dem Milizkorps des Grafen Pjotr Tolstoi ein, das nicht für den Einsatz in einer Feldschlacht geeignet war. Er selbst rückte mit den regulären Truppen seiner Reservearmee auf Leipzig vor. Er war dann in der Völkerschlacht zur Stelle, Saint-Cyr fehlte dort.

Die Hauptarmee der Verbündeten drängte unterdessen die weit schwächeren Truppen Murats in Richtung Leipzig zurück. Am 12. Oktober bezog dieser eine Position zwischen Markkleeberg und Liebertwolkwitz. Zwei Tage später unternahm die Hauptarmee gegen ihn einen Erkundungsvorstoß. Daraus entwickelte sich das größte Reitergefecht des Jahres 1813, an dem etwa 15.000 Kavalleristen beider Seiten beteiligt waren. Das Gefecht ging unentschieden aus. Im Stab der Hauptarmee wußte man nun, daß Murat sich nicht weiter zurückziehen sollte und die große Schlacht gegen Napoleon bevorstand.

Just am 14. Oktober traf Napoleon in Leipzig ein. Ihm war klar geworden, daß er keinerlei Chance mehr besaß, eine der drei gegnerischen Armeen einzeln zu vernichten. Schlesische Armee und Nordarmee hatten sich vereinigt, die Hauptarmee war von Süden her in Anmarsch. Napoleon hatte sich bereits entschlossen, alle seine Truppen um Leipzig zu konzentrieren und die große Entscheidungsschlacht zu wagen.

X. 16. Oktober 1813 – Tag 1 der Völkerschlacht

Am 16. Oktober war der größte Teil von Napoleons Truppen bei Leipzig zur Stelle, bei den Verbündeten hingegen fehlten noch beträchtliche Kräfte. Sie verfügten über 206.000 Mann, Napoleon über 191.000, darunter 20.000 Deutsche aus den Rheinbundstaaten (Sachsen, Württemberger, Hessen-Darmstädter, Badenser und Westfalen) und 11.000 Polen. Napoleon wußte natürlich, wie langsam die Führung der Hauptarmee agierte und vertraute auf sein Feldherrentalent. Er vermutete die Schlesische Armee bei Merseburg und glaubte, daß sie am 16. Oktober noch nicht eingreifen werde, und er die Hauptarmee schlagen könne. Schwarzenbergs Planung hatte ihn ungewollt begünstigt.

Der Österreicher wollte ursprünglich das Gros seiner Truppen westlich der Flüsse Elster und Pleiße einsetzen, obwohl dort das Gelände sumpfig war, was alle Truppenbewegungen arg erschweren mußte. Östlich der Pleiße, wo Napoleons Hauptkräfte standen, wollte Schwarzenberg lediglich 72.000 Mann aufstellen. Die Idee zu Schwarzenbergs Plan stammte von General Langenau, der erst während des Waffenstillstands von der sächsischen Armee zur österreichischen übergetreten war. Im Stab des Oberbefehlshabers nahm man irrtümlich an, Langenau kenne das Gelände um Leipzig genau. Die Berater des Zaren protestierten heftig und bewogen Alexander, bei Schwarzenberg eine Modifizierung seines Plans durchzusetzen. Aber auch nach dem neuen Plan standen östlich der Pleiße den 138.000 napoleonischen Soldaten lediglich 100.000 der Hauptarmee gegenüber. Obendrein hatte Schwarzenberg 24.000 Mann davon (die russischen und preußischen Garden unter Großfürst Konstantin) nach Rötha dirigiert, von wo aus sie dann erst mit mehreren Stunden Verspätung in den Kampf eingreifen konnten. 28.000 Mann unter den österreichischen Generalen Maximilian Graf von Merveldt und Erbprinz von Hessen-Homburg hatte Schwarzenberg zwischen Elster und Pleiße aufgestellt, 13.000 unter dem österreichischen General Ignaz Graf von Gyulai westlich von Leipzig gegenüber dem Dorf Lindenau.

Die 55.000 Soldaten der Schlesischen Armee standen nordwestlich von Leipzig bei Schkeuditz. Napoleon hatte vorsichtshalber 50.000 Mann unter Marschall Ney nördlich von Leipzig aufmarschieren lassen, um ein eventuelles Eingreifen der Schlesischen Armee zu verhindern. Er rechnete aber darauf, diese Truppen im Laufe des Tages zur Unterstützung seiner Offensive im Süden einsetzen zu können.

Am Morgen des 16. Oktober begann die Völkerschlacht. Bei Wachau und Möckern fanden Teilschlachten, bei Connewitz und Lindenau Gefechte statt. Der Tag zog mit Nebel und Nieselregen herauf. Östlich der Pleiße führte General Wittgenstein das Kommando. Seine Truppen griffen in vier Kolonnen an. Österreichische Truppen unter General Johann Graf Klenau und russisch-preußische Truppen unter General Andrej Gortschakow ging in Richtung Liebertwolkwitz vor, russisch-preußische unter Eugen von Württemberg in Richtung Wachau, preußisch-russische Truppen unter General Kleist in Richtung Markkleeberg.

Eugen von Württemberg und Kleist rückten ab 8.00 Uhr vor, Gortschakow ab 9.00 Uhr und Klenau erst 10.00 Uhr. Die Franzosen hatten offensichtlich nicht damit gerechnet, daß die Verbündeten die Initiative ergreifen würden. Die Dörfer Wachau und Markkleeberg waren nur von schwachen Truppen besetzt und konnten von den Russen und Preußen rasch erstürmt werden. Sobald die Angreifer aber über die beiden Dörfer hinaus vorgingen, stießen sie auf massiven Widerstand. Hinter Wachau war eine mächtige Batterie von 100 Geschützen aufgefahren, welche die Russen und Preußen unter verheerendes Feuer nahm.

Napoleon erschien erst gegen 9.00 Uhr auf dem zwischen Wachau und Liebertwolkwitz gelegenen Galgenberg. Zur gleichen Zeit trafen Zar Alexander und der preußische König Friedrich Wilhelm III. auf dem Wachtberg bei Güldengossa ein. Alexander erkannte von dieser Position aus, daß den Verbündeten erheblich überlegene Kräfte gegenüberstanden. Er ließ dem russischen Grenadierkorps Rajewski und der russischen und preußischen Garde den Befehl übermitteln, sich in Richtung Wachau in Marsch zu setzen. Und er schickte seinen Generaladjutanten Wolzogen zu Schwarzenberg und ließ ihn auffordern, die Truppen des Erbprinzen von Hessen-Homburg auf das rechte Pleißeufer zu verlegen. Wolzogen erreichte den Oberbefehlshaber gegen 10.30 Uhr in Gautzsch. Dessen Stabschef Radetzky unterstützte die Forderung Alexanders, und Schwarzenberg gab nach.

Es gelang Klenau noch, einen großen Teil von Liebertwolkwitz einzunehmen. Doch die Kolonnen der Verbündeten hatten durch das Artilleriefeuer der Franzosen schwere Verluste und gerieten durch Gegenangriffe der napoleonischen Truppen stark unter Druck. Wachau wechselte dreimal den Besitzer und blieb schließlich in den Händen der Franzosen. Auch Liebertwolkwitz ging wieder verloren. Gegen 11.00 Uhr kam der Angriff der Verbündeten zum Stehen.

Napoleon nutzte die günstige Situation, die in den Mittagsstunden für ihn bestand, nicht, weil er auf die Truppen Neys wartete. Es kamen aber nur zwei Divisionen. Das Korps des Marschalls Marmont wurde, wie noch zu zeigen sein wird, bei Möckern festgehalten. Erst gegen 14.00 Uhr setzte Napoleon auf breiter Front zum Sturm auf die Positionen der Hauptarmee an. Er meinte, die Schlacht sei bereits entschieden und ließ in Leipzig die Siegesglocken läuten.

Marschall Murat griff mit 5.000 Reitern beim Dorf Güldengossa an. Sein Kavalleriepulk eroberte 26 Geschütze und überrannte die russische Garde-Kavalleriedivision Schewitsch. Schließlich näherte er sich dem Wachtberg, auf dem die beiden Monarchen standen, bis auf wenige hundert Meter. Er geriet jedoch an einem Graben in Unordnung, wurde von russischer Artillerie unter Feuer genommen und schließlich von russischen und preußischen Kavallerieeinheiten in die Flucht geschlagen.

Die Truppen Gortschakows wurden vom französischen Korps Lauriston angegriffen. Kleists Korps geriet durch den Angriff des französischen Korps Victor in Bedrängnis. Die Franzosen konnten das Dorf Auenhain einnehmen. Gegen 16.00 Uhr änderte sich die Situation vor Wachau gründlich: die russische und preußische Garde und die österreichischen

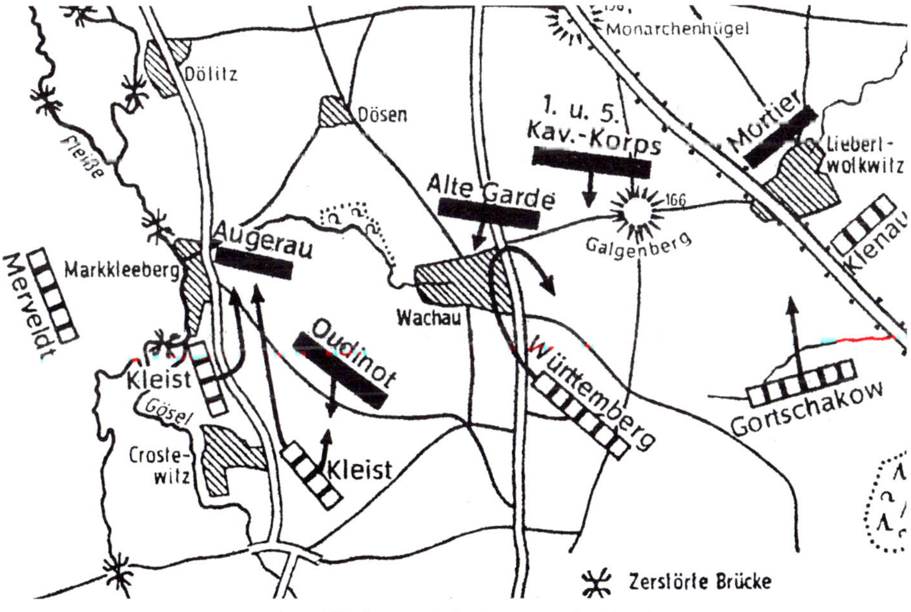

Die Kämpfe südlich von Leipzig am 16. Oktober 1813

Divisionen Bianchi und Weißenwolf griffen in den Kampf ein. Die Österreicher eroberten Auenhain zurück. Der Versuch Napoleons, die Frontlinie der Hauptarmee zu durchbrechen, war am erbitterten Widerstand der russischen, preußischen und österreichischen Soldaten gescheitert. Besonders großen Anteil an der erfolgreichen Verteidigung hatten die russischen und preußischen Truppen unter Eugen von Württemberg, die vor Wachau in mörderischem Feuer ausharrten. Diese Truppen waren am Morgen 9.000 Mann stark gewesen. Am Abend waren es noch ganze 1.200.

Die Kämpfe im Süden von Leipzig hatten keine Entscheidung gebracht. Im Norden aber hatten die Verbündeten einen Sieg von großer Tragweite errungen. Hier hatte das französische VI. Korps zwischen Lindenthal und Wahren Stellung bezogen, um einen etwaigen Angriff der Schlesischen Armee abwehren zu können. Gegen 7.00 Uhr befahl Napoleon dem Korps, zur Hauptfront im Süden zu marschieren.

Dieses Korps, von Marschall Auguste de Marmont geführt, galt als der kampfstärkste Verband der französischen Armee. Im Unterschied zu den anderen französischen Korps bestand die Infanterie Marmonts überwiegend aus gut ausgebildeten altgedienten Soldaten, die in dem Feldzug noch nie besiegt worden waren. Vier Regimenter Marineinfanterie bildeten das Rückgrat des Eliteverbandes. Langte das VI. Korps rechtzeitig im Süden an, dann war in der Tat das Schicksal der abgekämpften Hauptarmee der Verbündeten besiegelt. Gegen 10.30 Uhr mußte Marmont sich entscheiden, ob er mit seinem Korps den Marsch nach Süden fortsetzen oder gegen die anrückende Schlesische Armee Front machen sollte. Er beschloß, zwischen Eutritzsch und Möckern in Stellung zu gehen.

Blücher hörte den Kanonendonner von Süden her und faßte den Entschluß, so viele französische Truppen wie möglich im Norden festzuhalten. Im Stab der Schlesischen Armee konnte man natürlich nicht wissen, wie stark die nördlich von Leipzig stehenden französischen Truppen tatsächlich waren und wo genau sie sich aufhielten. Blücher ließ deshalb das russische Korps Langeron gegen die Dörfer Groß-Wiederitzsch und Klein-Wiederitzsch vorrücken, die von 3.800 polnischen Soldaten energisch verteidigt wurden. Die russischen Korps Osten-Sacken und Saint Priest hielt er in Reserve. Gegen das französische VI. Korps schickte Blücher das preußische I. Armeekorps vor, das General Yorck befehligte.

Diesem berühmten Korps gehören sowohl kampfgestählte reguläre Truppenteile als auch schlesische Landwehrformationen an. Yorcks

Einheit zählte 20.800 Mann, Marmonts Verband 19.500. Das französische Korps war aber stark im Vorteil, weil es sich auf die Gebäude des Dorfes Möckern stützen konnte. In Möckern befand sich zunächst nur das französische 2. Marineregiment. Die Masse der Infanterie Marmonts stand östlich von Möckern. Marmont war von Hause aus Artillerieoffizier und hatte seine Geschütze geschickt auf den Höhen östlich von Möckern postiert. Da das Dorf im Westen an die Elster grenzte, konnte es nicht umgangen, sondern nur frontal angegriffen werden.

Ab 14.00 Uhr rannte die Vorhut des Yorckschen Korps zunächst mit vier, dann mit neun Bataillonen – Füsilieren, Landwehrinfanteristen, Leibgrenadieren und Jägern – gegen Möckern an, insgesamt sechsmal. Der Vorgang war jeweils der gleiche: Die preußischen Soldaten kämpften sich mit dem Bajonett unter großen Opfern durch den Ort. Sobald sie dessen Ausgang erreichten, gerieten sie in verheerendes Artilleriefeuer und wurden von französischen Verstärkungen wieder zurückgetrieben. Sechsmal wechselte der Ort so seinen Besitzer. Yorck schickte nun die 2. Brigade gegen Möckern vor, doch auch dieser Angriff scheiterte.

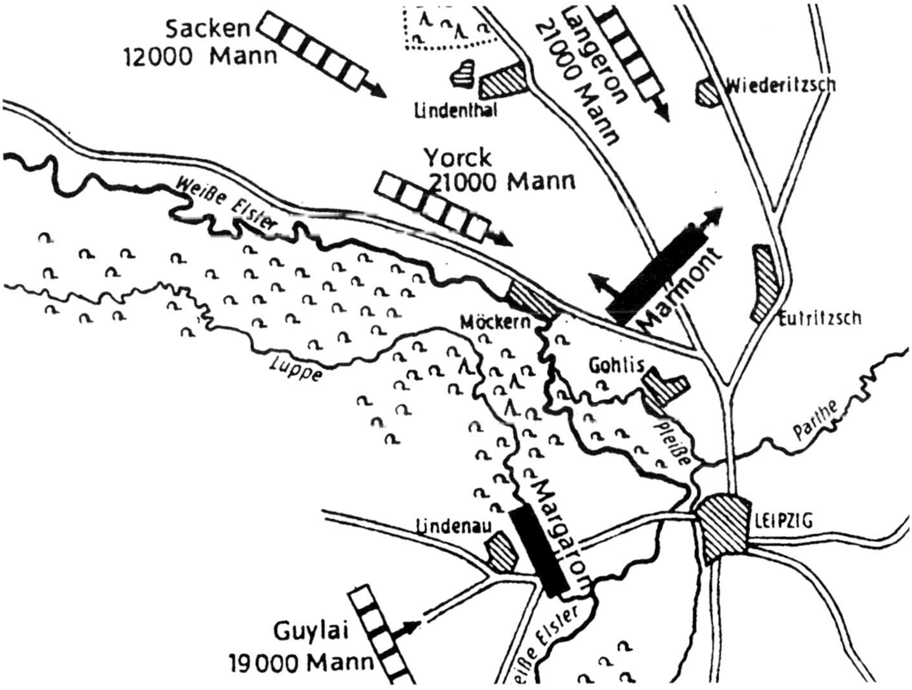

Die Kämpfe nördlich von Leipzig am 16. Oktober 1813

Jetzt änderten die Preußen ihre Taktik. Sie versuchten nicht mehr, mit massiven Kolonnen das Dorf auf einmal einzunehmen, sondern begannen damit, die Gehöfte einzeln zu erstürmen. Die französischen Verteidiger feuerten aus den Fenstern und von den Dächern. Die Preußen erstiegen die Umfassungsmauern der Gehöfte, schlugen die verbarrikadierten Türen ein und eroberten in blutigem Nahkampf ein Zimmer und ein Stockwerk nach dem anderen. Unterdessen rückten östlich von Möckern die preußische 7. und 8. Brigade gegen die Truppen Marmonts vor.

Gegen 17.00 Uhr sandte Yorck die 1. Brigade nach Möckern, wo Marmont mittlerweile seine Truppen ständig verstärkt hatte. Die 1. Brigade erlitt schwere Verluste und begann zurückzufluten. Die Entscheidung stand jetzt auf des Messers Schneide. Yorck verfügte nur noch über ganze drei Bataillone der 1. Brigade, die bisher nicht eingesetzt worden waren. Nach äußerst erbittertem Kampf eroberten diese Einheiten das brennende Dorf, wobei fast alle Offiziere den Tod fanden. Doch schon rückten stark überlegene Kolonnen französischer Infanterie heran. Gelang es den Franzosen, die ausgeblutete 1. Brigade zu vernichten, war die Niederlage des Yorckschen Korps besiegelt.

In dieser kritischen Situation leiteten einige hundert preußische Kavalleristen einen vollständigen Umschwung ein. Yorck gab Major von Sohr den Befehl, mit seinen drei Eskadronen Brandenburger Husaren die anrückenden französischen Kolonnen zu attackieren. Sohr schwenkte einige hundert Meter östlich an Möckern vorbei. Infolge des Gefechtslärms und des dichten Pulverdampfes erkannten die Franzosen die herannahende Kavallerielawine nicht rechtzeitig und konnten deshalb keine Karrees mehr bilden. In Marschformation aber waren sie gegen die heranstürmende Kavallerie nahezu wehrlos. Die Husaren ritten zwei Bataillone nieder und stürzten sich sofort auf die französische Artillerie. Die acht württembergischen Eskadronen des Generals Normann fielen den Husaren Sohrs zwar in die Flanke, kamen aber zu spät. Die gesamte Kavallerie des Yorckschen Korps jagte heran und fegte die Kavallerie Marmonts hinweg. Gleichzeitig gingen alle vier preußischen Brigaden von neuem zum Angriff über. Die französische Infanterie, die sich so lange todesmutig gehalten hatte, ergriff die Flucht.

In der Schlußphase der Kämpfe bei Möckern kam es zu der Episode, die auf dem Titelbild dieses Buches dargestellt ist. Der Major von Krosigk griff an der Spitze seines zusammengeschmolzenen brandenburgischen Füsilierbataillons ein Karree französischer Infanterie an. Er erreichte das

Der polnische Fürst Josef Poniatowski (1763-1813), Marschall von Frankreich, am 19. Oktober 1813 gefallen

Karree als erster und wurde von den Franzosen getötet. Der thüringische Schriftsteller Paul Schreckenbach hat ihm mit seinem Roman »Der böse Baron von Krosigk« ein literarisches Denkmal gesetzt.

Die Schlacht um Möckern war ein erbittertes Ringen zweier etwa gleich starker und militärisch gleichwertiger Gegner. Preußen wie Franzosen kämpften mit großer Tapferkeit. Letztlich gab der leidenschaftliche Siegeswille der preußischen Soldaten den Ausschlag. Dabei standen die schlecht ausgerüsteten jungen Landwehrmänner den kriegserfahrenen Linientruppen nicht nach. Die Bilanz des blutigen Nachmittags: 7.600 preußische Soldaten und wahrscheinlich ebenso viele Franzosen waren gefallen oder verwundet worden. Zweitausend Franzosen gerieten in Gefangenschaft. Vierzig Kanonen fielen in die Hände der Preußen.

Am 16. Oktober wurde im Süden von Leipzig auch bei Connewitz und Dölitz, im Westen bei Lindenau gekämpft. Lindenau besaß für die Franzosen im Falle eines Rückzugs eine enorme Bedeutung. Hier begann die große Heerstraße nach Westen, und nur hier konnte die sumpfige Niederung westlich von Leipzig durchquert werden. Den ganzen Tag über versuchte die österreichische 3. Armeeabteilung, die von General von Gyulai befehligt wurde, vergeblich, Lindenau einzunehmen.

Auch die Angriffe der österreichischen 2. Armeeabteilung unter General Merveldt auf Connewitz und Dölitz scheiterten unter schweren Verlusten. Es gelang den Österreichern insbesondere nicht, die wichtige Connewitzer

Pleißebrücke zu erstürmen. Der polnische Fürst Poniatowski hatte den erfolgreichen Abwehrkampf an der Pleiße geleitet, und Napoleon ernannte ihn daraufhin zum Marschall von Frankreich. Gegen 17.00 Uhr ritt General Merveldt in das Schloß Dölitz hinein und überquerte auf einem Notsteg, den seine Pioniere gebaut hatten, die Pleiße. Auf dem anderen Ufer stieß der kurzsichtige General auf Soldaten, die weiße Mäntel und Waffenröcke trugen. Merveldt hielt sie deshalb für Österreicher. Es waren aber sächsische Leibgrenadiere, Verbündete Napoleons. Der General fuchtelte mit dem Degen und forderte die Soldaten auf, ihm zu folgen. Die Sachsen erschossen jedoch sein Pferd und nahmen ihn gefangen. Sie übergaben ihn Poniatowski, der ihn zu Napoleon führen ließ.

Als die Nacht hereinbrach kamen die Kämpfe rings um Leipzig zum Erliegen. Die Dörfer Wachau, Liebertwolkwitz, Güldengossa und Cröbern standen in Flammen. Bei den Kämpfen im Süden, Norden und Westen von Leipzig waren 38.000 Soldaten der Verbündeten gefallen oder verwundet worden, 2.000 in Gefangenschaft geraten. Die Verluste der napoleonischen Truppen betrugen 23.000 Tote und Verwundete, 2.500 Gefangene. In den ersten 13 Jahren des 19. Jahrhunderts hatte es bereits etliche Schlachten gegeben. Nur bei Borodino war noch mehr Blut geflossen als an diesem 16. Oktober bei Leipzig.

Am Abend des 16. Oktober stand die Niederlage Napoleons unwiderruflich fest. Es war ihm nicht gelungen, die Hauptarmee zu zerschlagen, und sein bestes Korps war bei Möckern zertrümmert worden. Da sich starke Kräfte der Verbündeten im Anmarsch befanden, war klar, daß diese sehr schnell eine erdrückende Überlegenheit erlangen würden.

XI. 17. Oktober 1813 – Tag 2 der Völkerschlacht

Der 17. Oktober 1813 war ein Sonntag, und es regnete den ganzen Tag über. Viele verwundete Soldaten der napoleonischen Armee hatten die Nacht auf dem Straßenpflaster Leipzigs verbringen müssen – ohne Stroh und Decken, ohne Nahrung und Versorgung ihrer Wunden.

Napoleon wußte, daß auf Seiten der Verbündeten große Verstärkungen unterwegs waren. Eigentlich gab es für ihn nur eine Lösung: sofort den Rückzug anzutreten. Das hätte freilich bedeutet, die Besatzungen der belagerten Festungen ihrem Schicksal zu überlassen. Und es hätte die Fürsten des Rheinbunds ermutigt, die Seite zu wechseln. Napoleon entschloß sich deshalb, den Kampf fortzusetzen.

Er war am Vortag vom Angriff der Verbündeten überrascht worden. Das sollte ihm nicht wieder passieren, und so ließ er am Morgen seine Truppen in die Positionen vom Vortag einrücken. Wider Erwarten griffen die Verbündeten aber nicht an. Die russische Reservearmee unter Bennigsen war am Vormittag noch nicht eingetroffen. Die österreichische Armeeabteilung Colloredo (21.000 Mann) traf zwar gegen 10.00 Uhr ein, doch waren ihre Soldaten durch den anstrengenden Marsch übermüdet. Schwarzenberg verschob deshalb den Angriff auf 14.00 Uhr. Zu dieser Stunde trat dann auf dem Wachtberg ein Kriegsrat zusammen und beschloß, den Angriff auf den kommenden Tag zu verschieben.

Am Nachmittag trafen bei den Verbündeten noch die russische Reservearmee (34.000 Mann) und die österreichische Division Bubna (7.000 Mann) ein. Die Nordarmee erreichte das Dorf Breitenfeld. Die Nordarmee eingerechnet, verfügten die Verbündeten damit über 295.000 Soldaten, Napoleon hingegen nur über 160.000.

Blücher hatte erst verspätet die Mitteilung erhalten, daß der Angriff verschoben worden war. Er ließ gegen 10.00 Uhr die Korps Langeron und Osten-Sacken vorrücken und die Dörfer Gohlis und Eutritzsch einnehmen. Das stark mitgenommene Korps Yorck hielt er in Reserve.

Gegen 14.00 Uhr ließ Napoleon den gefangengenommenen General Merveldt zu sich führen. Der Österreicher war für ihn kein Unbekannter. Schon während des Italienfeldzugs 1797 und dann wieder 1805 hatte er mit ihm verhandelt. Napoleon kündigte Merveldt an, daß er ihn zu den Verbündeten entsenden wolle. Er deutete an, daß er einen Waffenstillstand anstrebte. Dabei wolle er sich mit seinen Truppen hinter die

Saale zurückziehen. Die Russen und Preußen sollten sich hinter die Elbe zurückziehen, die Österreicher nach Böhmen. Schwarzenberg empfing dann Merveldt zwar, doch fielen er und die verbündeten Monarchen natürlich nicht auf die Bärenfängerei Napoleons herein.

Unterdessen war Bernadotte zwar mit seiner Armee zur Stelle, doch er sträubte sich dagegen, aktiv in die bevorstehende Schlacht einzugreifen. Doch Charles William Vane, der spätere Lord Stewart, britischer Bevollmächtigter bei der Nordarmee, hatte ein starkes Argument zur Hand: Die britische Regierung hatte Bernadotte Hilfszahlungen von einer Million Pfund – mehr als Preußen! – zugesagt. Vane machte dem Kronprinzen klar: sollte die Nordarmee nicht zum Einsatz kommen, dann werde er die Zahlungen stornieren.

In der Nacht zum 18. Oktober traf sich dann Blücher mit Bernadotte. Der machte noch immer Ausflüchte. Er behauptete, Napoleon werde versuchen, den Ring seiner Gegner in nördlicher Richtung zu durchbrechen, und dann werde die Nordarmee die Hauptlast des Kampfes tragen müssen. Sie sei der Bedrohung nur gewachsen, wenn sie durch 30.000 Soldaten der Schlesischen Armee verstärkt würde. Blücher ging auf die Forderung Bernadottes ein und unterstellte ihm für einen Tag das Korps Langeron. Er tat das, weil er unbedingt sichern wollte, daß die Nordarmee am kommenden Tag tatsächlich eingreifen würde. Geglaubt hat er die Behauptungen Bernadottes nicht, vielmehr dessen politische Beweggründe durchschaut. Er sagte nämlich: »Um sich zu gleicher Zeit in Paris und Stockholm in Gnaden zu erhalten, will der Kronprinz keinen Schweden opfern und keinem Franzosen etwas zuleide tun.«

War Napoleon auch gewillt, am 18. Oktober den Kampf fortzusetzen, so traf er doch am 17. gleichzeitig Vorbereitungen für den Rückzug. Am Abend ließ er das IV. Korps des Generals Henri Gratien Bertrand nach Westen marschieren, um die einzig mögliche Rückzugstraße zwischen Lindenau und Weißenfels zu sichern. Zwei Divisionen der Jungen Garde unter Marschall Mortier sollten Lindenau verteidigen.

Noch in der Nacht zog Napoleon seine Truppen näher an Leipzig heran. Sie standen nun östlich der Stadt in einem Halbkreis, der von Schönefeld im Norden über Paunsdorf – Holzhausen – Probstheida bis nach Connewitz im Süden reichte. In der alten Stellung bei Wachau und Liebertwolkwitz verblieben kleine Truppenteile, deren Aufgabe es war, die Wachtfeuer weiter zu unterhalten und so die Verbündeten zu täuschen.

XII. 18. Oktober 1813 – Tag 3 der Völkerschlacht

An den beiden ersten Tagen der Völkerschlacht hatte es geregnet. Am 18. Oktober regnete es nicht, und gegen 9.00 Uhr brach die Sonne durch die Wolken. Napoleon hatte bei Stötteritz im Biwak übernachtet. Bereits gegen 2.00 Uhr brach er in Richtung Probstheida auf. Von dort wandte er sich nach Reudnitz, wo er sich mit Marschall Ney beriet. Danach überprüfte er in Lindenau die Vorbereitungen für den Rückzug. Anschließend begab er sich zur Quandtschen Tabaksmühle nahe Probstheida. Hier blieb er fast den ganzen Tag über.

Am Morgen dieses Tages erwartete das napoleonische Heer den Angriff der Verbündeten in folgender Aufstellung: Der rechte Flügel stand auf der Linie Connewitz-Lößnig-Dölitz-Probstheida. Er umfaßte die Korps Augereau, Poniatowski und Victor sowie die Kavalleriekorps Doumerc, Kellermann und Milhaud. Hinter diesen Korps stand die Alte Garde, und bei ihr befand sich Napoleon. Das Kommando führte Marschall Murat.

Das Zentrum befand sich auf der Linie Zuckelhausen-Holzhausen-Zweinaundorf-Mölkau. Zu ihm gehörten das XI. Korps und das Korps Lauriston, das Kavalleriekorps Sebastiani und die Gardekavalleriedivisionen Nansouty und Walther. Befehlshaber war Marschall Macdonald.

Der linke Flügel reichte von Paunsdorf bis Schönefeld. Er bestand aus den Korps Marmont, Reynier und Souham, den Kavalleriedivisionen Defrance und Fournier, der sächsischen Division Zeschau und der berüchtigten Division Durutte, deren Strafregimentern viele Kriminelle angehörten. Befehligt wurden diese Truppen von Marschall Ney.

Probstheida und Schönefeld waren die beiden wichtigsten Positionen der französischen Verteidigungslinie. Probstheida ragte in einem Winkel aus dieser Linie heraus. Fiel Probstheida in die Hände der Angreifer, dann lag Leipzig offen vor ihnen. Fiel Schönefeld, dann war der Rückzugsweg der napoleonischen Armee durch Leipzig hindurch unmittelbar bedroht.

Die Truppen der Verbündeten waren in sechs Kolonnen aufmarschiert. Die I. Kolonne wurde vom Erbprinzen von Hessen-Homburg befehligt und war 50.000 Mann stark. Zu ihr gehörten ausschließlich österreichische Truppen: die 1. und 2. Armeeabteilung, die Divisionen Bianchi und Weißenwolf und die Kavalleriedivision Nostiz. Sie sollten von Markkleeberg aus in Richtung Leipzig angreifen.

Die gleichfalls 50.000 Mann starke II. Kolonne unter General Barclay de Tolly umfaßte das preußische Korps Kleist, die russischen Korps

Levin August Theophil Graf von Bennigsen (1745–1826), russischer General, befehligte 1813 die Russische Reservearmee, führte am 18. Oktober 1813 eine der Angriffskolonnen der Verbündeten

Gortschakows und Eugen von Württembergs und das Kavalleriekorps Pahlen. Ihr Angriffsziel war Probstheida. Bei Barclays Kolonne befanden sich die russische und die preußische Garde, und hier hielten sich Zar Alexander, König Friedrich Wilhelm III. und der Oberbefehlshaber Schwarzenberg auf.

Die 65.000 Mann starke III. Kolonne wurde von General Bennigsen kommandiert. Sie bestand aus der russischen Reservearmee, der österreichischen Armeeabteilung Klenau, der österreichischen Division Bubna, der preußischen Brigade Zieten und den Kosaken unter Platow. Diese Kolonne sollte in Richtung der Dörfer Zuckelhausen und Holzhausen vorstoßen.

Die Nordarmee unter Bernadotte und das russische Korps Langeron bildeten die IV. Kolonne. Ihre 95.000 Mann sollten von Taucha aus in Richtung Paunsdorf und Schönefeld angreifen.

Die V. Kolonne unter Blücher umfaßte lediglich die 25.000 Mann des russischen Korps Osten-Sacken und des preußischen Korps Yorck. Sie stand beim Dorf Gohlis. Ihr Angriffsziel war die Hallische Vorstadt von Leipzig.

Die VI. Kolonne, vom österreichischen General Gyulai befehligt, war mit 22.000 Mann die zahlenmäßig schwächste. Zu ihr gehörten die 3. österreichische Armeeabteilung sowie die Streifkorps Thielmann und Mensdorff. Sie stand beim Dorf Kleinzschocher südlich von Lindenau und sollte die Rückzugsstraße der Franzosen blockieren.

Michel Ney, Marschall von Frankreich, befehligte am 18. Oktober 1813 den linken Flügel der napoleonischen Armee

Die I. Kolonne der Verbündeten ging ab 8.00 Uhr vor. Sie stieß zunächst nur auf schwachen Widerstand und konnte die Dörfer Dölitz, Dösen und Lößnig sowie die Schäferei Meusdorf einnehmen. Doch Napoleon setzte eine Division der Jungen Garde und eine weitere Division in Marsch. Die Franzosen eroberten Dölitz und Dösen zurück. Bei diesem Kampf wurde der Befehlshaber der I. Kolonne, der Erbprinz von Hessen-Homburg, schwer verwundet.

Unterdessen war die österreichische 3. Armeeabteilung unter Gyulai vom französischen Korps Bertrand angegriffen worden. Da sich bei Dölitz eine kritische Situation entwickelte, befahl Schwarzenberg Gyulai, den Kampf abzubrechen und der I. Kolonne zu Hilfe zu kommen. Er widerrief den Befehl später – mit dem Resultat, daß die 3. Armeeabteilung an diesem Tag nicht wieder zum Einsatz kam.

Auch die II. Kolonne rückte ab 8.00 Uhr vor. Sie gelangte bis vor Probstheida. Das Dorf war von einer massiven Lehmmauer umgeben. Zu seinen Seiten waren zahlreiche Batterien aufgefahren, und hinter dem Dorf standen starke Infanterie- und Kavallerieeinheiten bereit. Rings um das Dorf war deckungslose freie Fläche. General Barclay de Tolly verschob deshalb den Angriff.

Bennigsens III. Kolonne gelang es nach heftigem Kampf, die Dörfer Zuckelhausen und Holzhausen zu erstürmen. Die österreichische Division Bubna nahm Paunsdorf ein, mußte es aber bald wieder aufgeben. Bei Paunsdorf zeigte sich, daß Napoleon sich nicht mehr auf die Truppen der Rheinbundstaaten verlassen konnte. Gegen 10.00 Uhr gingen die 550 Mann starke württembergische Kavalleriebrigade unter General Normann, die sächsische leichte Kavalleriebrigade und ein sächsisches Bataillon auf die Seite der Verbündeten über.

Bernadotte agierte auch an diesem Tag zögerlich. So gab er dem Korps Langeron, das ihm ja zeitweilig unterstellt war, den Befehl, zwischen Mockau und Plösen stehen zu bleiben, um den Anmarsch der Nordarmee zu sichern. Als Blücher den Kanonendonner von Süden her hörte, befahl er dem Korps Langeron, über das er zu diesem Zeitpunkt gar keine Kommandogewalt besaß, sofort den Fluß Parthe zu überschreiten. Langeron war nicht erreichbar, doch seine Generale führten den Befehl Blüchers unverzüglich aus. So griff das Korps bereits 9.00 Uhr in den Kampf ein. Blücher befahl auch Bülow, dessen Korps zur Nordarmee gehörte, sofort vorzurücken. Da er Bernadotte mißtraute, schickte er seinen Adjutanten Nostitz zu ihm, um ihn zu beaufsichtigen.

Gegen 10.00 Uhr ließ Blücher das russische Korps Osten-Sacken gegen das Vorwerk Pfaffendorf vorstoßen. Gegen 11.00 Uhr kam die französische Gardedivision Pacthod den Verteidigern zu Hilfe, und fortan scheiterten alle Angriffe der Russen.

Noch um 14.00 Uhr war die Erfolgsbilanz der Verbündeten mager. Nennenswerte Erfolge waren noch nicht erreicht. Man hatte zwar einige Dörfer genommen. Die entscheidenden Positionen Lößnig, Probstheida, Mölkau, Zweinaundorf, Paunsdorf und Schönefeld waren aber nach wie vor fest in den Händen der Franzosen.

Zu dieser Stunde gab Zar Alexander den Befehl zum Sturmangriff auf Probstheida. Das war voreilig. Die Artillerie der Verbündeten hatte das Dorf zwar unter Feuer genommen. Es war ihr aber nicht gelungen, Breschen in die massiven Lehmmauern rings um den Ort zu schießen. Bennigsen ließ die preußischen Brigaden Zieten und Prinz August vorgehen. Nach erbitterten Kampf eroberten sie das Dorf, mußten es dann aber wieder aufgeben. Bennigsen setzte nun die russischen Truppen Eugen von Württembergs ein, die am 16. Oktober so schwere Verluste erlitten hatten. Napoleon dirigierte eine Division der Alten Garde nach Probstheida, die den Angriff der Russen abwehren konnte. Einen Kilometer vom Dorf entfernt stand die russische und preußische Garde, doch sie wurde nicht eingesetzt. Gegen 16.00 Uhr befahl Schwarzenberg dann, den Angriff auf das brennende Dorf einzustellen. Gleichfalls gegen 16.00 Uhr griff das preußische Korps Bülow Paunsdorf an. Als die Franzosen einen Gegenangriff versuchten, trat die englische Raketenbatterie, die sich bei der Nordarmee befand, in Aktion. Ihre Raketen (sogenannte Congrev'sche Brandraketen) wurden von zweirädrigen Karren aus eingesetzt. Die Batterie fuhr der französischen Kolonne entgegen und feuerte ihre Raketen ab. Das Geheul und die Feuerschweife der anfliegenden Raketen versetzten die Franzosen in Panik, und sie fluteten zurück. Wer von den Raketen getroffen wurde, verbrannte bei lebendigem Leibe. Bülows Truppen stürmten nun Paunsdorf. Österreicher und Russen nahmen Mölkau, Unter- und Oberzweinaundorf, Sellerhausen und Stünz ein.

Zwischen Sellerhausen und Stünz hatte zuvor die 4.000 Mann starke sächsische 2. Division die Seite gewechselt. Ihr Kommandeur, Heinrich Wilhelm von Zeschau, hatte seinen König, der sich in Leipzig aufhielt, um Verhaltensmaßregeln gebeten. Der hatte ihm befohlen, fest auf der Seite Napoleons zu bleiben. Zeschau bemühte sich, diesen Befehl durchzusetzen. Seine Offiziere entschieden sich aber anders und führten ihre Soldaten zu den Verbündeten. Marschall Macdonald empörte sich später in seinen Memoiren: »Nie hat die Geschichte einen ähnlichen Verrat verzeichnet«. Daß die Sachsen bei ihrem Seitenwechsel auf die nachrückenden Franzosen geschossen hätten, ist eine zählebige Legende.

Probstheida konnte von den napoleonischen Truppen verteidigt werden, Schönefeld hingegen fiel. Zweimal eroberten es die Russen Langerons, zweimal mußten sie es wieder räumen. Russische und schwedische Artillerie bereitete einen dritten Angriff vor, der dann Erfolg hatte.

Das napoleonische Heer hatte einen zähen Abwehrkampf geliefert. Es war aber am Abend klar: einem neuerlichen Angriff der Verbündeten am Tag darauf würde es nicht standhalten können. Von den beiden Bastionen seiner Verteidigungslinie war eine, Schönefeld, gefallen, die andere, Probstheida, eng eingeschnürt.

Der Erfolg der Verbündeten wiegt umso schwerer, wenn man bedenkt, daß ihre Führung – insbesondere Schwarzenberg selbst – mehrere Fehlentscheidungen getroffen hatte, und 100.000 ihrer Soldaten (die Garden und ein großer Teil der Nordarmee) gar nicht am Kampf teilgenommen hatten.

Gegen 20.00 Uhr begab Napoleon sich nach Leipzig. Im »Hotel de Prusse« organisierte er zusammen mit Generalstabschef Berthier den Rückzug seiner Armee.

Karikatur auf die Niederlage Napoleons

XIII. 19. Oktober 1813 – Tag 4 der Völkerschlacht
Bilanz

Erst am Morgen den 19. Oktober merkten die Verbündeten, daß die napoleonische Armee Probstheida, Connewitz und Stötteritz geräumt hatte und ihr Rückzug nach Westen im Gange war. Die französischen Truppen mußten auf ihrem Weg nach Westen zwei Nadelöhre passieren: das Ranstädter Tor und die Brücke über die Elster. Im Dunkel der Nacht war es bereits zu Störungen gekommen. Fuhrwerke und Kanonen samt ihrer Zuggespanne hatten sich ineinander verkeilt und alles stockte. Zwischen den Fuhrwerken und Geschützen bewegten sich Kolonnen zu Fuß und zu Pferde, wurden Viehherden getrieben. Als dann am Vormittag der Angriff der Verbündeten begann, kam es zu chaotischen Szenen. Jedermann drängte rücksichtslos voran. Verwundete und entkräftete Soldaten stürzten und wurden erbarmungslos niedergetrampelt oder von den Rädern der Fuhrwerke und Kanonen zermalmt.

Napoleon verließ gegen 11.00 Uhr die Stadt. Er ließ 30.000 Soldaten zurück, die den Abzug des Gros seiner Armee sichern sollten. Nur jeder zweite dieser Männer war Franzose. Die anderen waren Polen, Italiener, Westfalen, Hessen, Badenser und Angehörige weiterer Rheinbund-Truppen. Die Marschälle Macdonald, Marmont und Poniatowski sollten den Abwehrkampf leiten.

Auf Geheiß Napoleons nahmen der sächsische König Friedrich August I. und der Magistrat der Stadt Kontakt zu den Verbündeten auf, um über eine Übergabe der Stadt zu verhandeln. Es ging Napoleon lediglich darum, Zeit für den Abmarsch seiner Truppen zu gewinnen. Die Parlamentäre gelangten bis zum Zaren Alexander und zum preußischen König. Die Verhandlungen blieben ohne Ergebnis, bewirkten jedoch eine kurze Verschiebung des Angriffs.

Am Morgen des 19. Oktober lag Nebel über der Gegend um Leipzig. Gegen 8.30 Uhr verzog er sich, und es wurde ein sonniger Herbsttag. Da der Angriffsstreifen der Verbündeten viel schmaler als an den Tagen zuvor war, kam nur ein Teil ihrer Truppen zum Einsatz. Die Österreicher der Hauptarmee waren gar nicht beteiligt. Im Norden der Stadt wurden die russischen Korps Osten-Sacken und Langeron bereitgestellt, im Osten das preußische Korps Bülow, im Süden die russische Reservearmee

Carl von Clausewitz (1780-1831), preußischer General, Mitarbeiter des Generals Scharnhorst bei der Heeresreform; der bedeutende Militärtheoretiker wurde 1818 auf den unbedeutenden Posten eines Verwaltungsdirektors der Allgemeinen Kriegsschule in Berlin abgeschoben

Bennigsens. Gegen 10.00 waren die Truppen aufmarschiert, vor 11.00 Uhr rückten sie vor. Der Zugang zu den Vorstädten Leipzigs erfolgte über die äußeren Tore, der Zugang zur Innenstadt über die inneren Tore. Die Tore waren durch Barrikaden versperrt. Um sie entbrannten heftige und verlustreiche Kämpfe, insbesondere um das Hallische Tor im Norden und das Grimmaische Tor im Osten. Blücher leitete den Angriff auf das Hallische Tor. Wegen seines ungestümen Drängens nannten ihn die russischen Soldaten fortan »Marschall Vorwärts«. Es gelang schließlich, das Hallische Tor zu stürmen. Preußische Soldaten der Nordarmee nahmen das Grimmaische Tor ein. Russen und Preußen drangen auch durch Nebentore und Gartenpforten vor. Gegen Mittag waren die Vorstädte genommen, und die Verbündeten rückten in die Innenstadt ein.

Unterdessen drängten noch Tausende französische Soldaten über die Elsterbrücke. An einem Pfeiler der Brücke hatten Sappeure (Pioniere) ein Floß festgemacht, auf dem sich mehrere Säcke mit Pulver befanden. Keiner der zuständigen französischen Offiziere war zur Stelle, und so mußte ein Korporal namens Lafontaine entscheiden, wann die Brücke gesprengt werden sollte. Einige Tirailleure vom Korps Osten-Sacken drangen bis in die Nähe der Brücke vor und nahmen die abrückenden Franzosen unter Feuer. Lafontaine geriet in Panik und zündete die Lunte, obwohl sich noch zahlreiche Soldaten auf der Brücke und Tausende auf dem rechten Flußufer befanden.

Die Elster war durch den Regen der vergangenen Tage zu einem reißenden Strom angeschwollen. Hunderte französische Soldaten ertranken beim Versuch, den Fluß zu überqueren. Auch Marschall Poniatowski fand hier den Tod. Er war mehrfach verwundet worden und versuchte mit seinem Pferd die Elster zu durchschwimmen, stürzte aber ins Wasser. Marschall Macdonald hatte mehr Glück. Auch er stürzte in die Fluten, erreichte aber das rettende linke Ufer.

Gegen 13.00 Uhr zogen die drei verbündeten Monarchen mit großem Gefolge in die Stadt ein, obwohl vereinzelt noch gekämpft wurde. Auf dem Marktplatz ließen die drei Herrscher über die Generale ihrer Armeen einen wahren Regen von Orden und Beförderungen ergehen. Sie selbst und ihre Berater wußten sehr wohl, daß Gneisenau an den Leistungen der Schlesischen Armee einen überragenden Anteil hatte, ja, daß im Grunde er es war, der diese Armee führte. Zar Alexander, der österreichische Kaiser Franz I. und Oberbefehlshaber Schwarzenberg würdigten deshalb die Verdienste des Generals überschwänglich. Sein fischblütiger König aber, der Gneisenau nicht mochte, stand dabei und fand kein persönliches Wort der Anerkennung. Noch am selben Tag schrieb der General zornig an Carl von Clausewitz, mit dem er befreundet war: »... Sie sehen, wie tief gewurzelt die Abneigung des Königs gegen alle diejenigen ist,

Die Erstürmung des äußeren Grimmaischen Tors am 19. Oktober 1813

die nicht gleiche politische Gesinnungen mit ihm gehabt haben. Sowie indessen dieser heilige Krieg vorüber ist, so trete ich aus seiner Armee und will lieber das Brot des Kummers essen, als diesem unfreundlichen Herrscher mich in seiner Armee aufdrängen.«

Die Monarchen weigerten sich, den sächsischen König, der bis zuletzt ein treuer Vasall Napoleons geblieben war, zu empfangen. Entgegen den Wünschen Metternichs wurde er als Gefangener nach Berlin geführt.

Nach der Befreiung begannen für die Bewohner Leipzigs und seines Umlands erst einmal schwere Tage und Wochen. Zwar gab es in der Stadt selbst kaum Zerstörungen, weil die Verbündeten am 19. Oktober darauf verzichtet hatten, Leipzig mit Artillerie zu beschießen. Die Dörfer Möckern, Probstheida, Schönefeld und Liebertwolkwitz aber waren fast völlig zerstört, weitere 60 Dörfer hatten unter den Kampfhandlungen gelitten. Es mußten Tausende von Verwundeten geborgen und versorgt werden, und man mußte die Leichen vieler tausend Soldaten begraben. Es wurden 56 Lazarette eingerichtet, in denen es aber an allem mangelte – an Pflegepersonal, Medikamenten, Bettzeug, Stroh und Lebensmitteln. Über das unsägliche Elend der Verwundeten und Kranken hat der Mediziner Professor Johann Christian Reil, Leiter aller preußischen Lazarette links der Elbe, an den Freiherrn vom Stein Erschütterndes berichtet. In den Lazaretten brach eine Typhusepidemie aus, die auch auf die Zivilbevölkerung übergriff. Sie raffte 10.000 Soldaten und mehr als 3.000 Bewohnern der Stadt hinweg. Auch Reil infizierte sich bei der Pflege der Kranken und starb am 22. November 1813.

Es war zunächst nahezu unmöglich, für die Soldaten, die Bewohner der Stadt, die Verwundeten und Kranken, die Kriegsgefangenen Lebensmittel heranzuschaffen. In den Tagen der Schlacht hatte eine halbe Million Soldaten rings um Leipzig buchstäblich wie ein Heuschreckenschwarm alles Eßbare vertilgt. Erst nach und nach konnten nun aus weiter entfernten Gegenden Nahrungsgüter herangeschafft werden.

Die Kämpfe bei Leipzig waren die blutigste Schlacht des 19. Jahrhunderts. Über die Zahl der Opfer finden sich in den einschlägigen wissenschaftlichen und populärwissenschaftlichen Veröffentlichungen stark von einander abweichende Angaben. General Rudolf Friederich, Chef der Kriegsgeschichtlichen Abteilung II des preußischen Generalstabs, legte 1911 bis 1913 die bislang fundierteste Darstellung der Befreiungskriege vor. Er bezifferte die Verluste der Verbündeten in der Völkerschlacht auf 54.000 Mann, womit er offensichtlich Tote *und* Verwundete meinte.

Jedenfalls haben ihn beispielsweise Eberhard Weis (S. 335) und Dieter Walz/Reinhard Münch/Wolf-Dieter Schmidt (S. 214), die seinen Angaben gefolgt sind, so verstanden. Die Verluste der napoleonischen Armee gab Friedrich wie folgt an: 37.000 Tote und Verwundete, 15.000 Gefangene, 15.000 Kranke und Verwundete, die sich in den Lazaretten befanden, 5.000 Überläufer, Deserteure und Versprengte. Bei Dirk Alexander Reder (S. 201) heißt es: zusammen seien bei Leipzig 115.000 Soldaten getötet oder verwundet worden.

Bereits auf der Gedenktafel an der russischen Gedächtniskirche in Leipzig wurde 1913 festgehalten, es seien 50.300 Soldaten der Verbündeten gefallen. Auch Frank Bauer (Die Völkerschlacht bei Leipzig, S. 54) und Karl-Heinz Börner (Völkerschlacht bei Leipzig, S. 29) nennen ähnliche Zahlen. Karen Hagemann schreibt, es seien während und nach der Völkerschlacht mehr als 150.000 Soldaten beider Seiten gestorben (S. 36). Als Beleg verweist sie auf den Beitrag von Dirk Alexander Reder, der aber tatsächlich eine andere Zahl nennt (S. 201 f.). Digby Smith gibt an, es seien bei Leipzig 40.000 bis 50.000 Soldaten gefallen. Die Zahl der gefallenen und der an Verwundungen und Krankheiten gestorbenen Soldaten habe zusammen 120.000 betragen (S. 298).

Wolfram Siemann (Vom Staatenbund zum Nationalstaat, S. 312) gibt an, in der Völkerschlacht seien 120.000 Soldaten gefallen. Da hat der Autor die Höhe der Gesamtverluste mit der Zahl der Gefallenen verwechselt. In den napoleonischen Kriegen (und auch noch in den Kriegen des 20. Jahrhunderts) war bei den Kampfhandlungen der Landstreitkräfte die Zahl der Verwundeten in aller Regel viel größer als die Zahl der Gefallenen. Ein Beispiel dafür bieten die Daten zur Schlacht bei Jena am 14. Oktober 1806. Auf dem Denkmal in Vierzehnheiligen bei Jena steht, es seien in der Schlacht 53 preußische und sächsische Offiziere und etwa 1.100 Soldaten gefallen und 271 Offiziere und etwa 6.000 Soldaten verwundet worden. Diese Zahlen hatte der General Kunhardt von Schmidt um 1900 aus den Akten des preußischen Heeresarchivs ermittelt. Die Angaben sind etwas zu niedrig, weil der General die Verluste der Preußen bei der Verfolgung durch die französischen Truppen nicht feststellen konnte. Sie vermitteln aber eine zutreffende Vorstellung von der Relation zwischen der Zahl der Gefallenen und Verwundeten. In der Zeit der napoleonischen Kriege starb ein großer Teil der Schwerverwundeten infolge der unzureichenden medizinischen Versorgung später an ihren Verletzungen. Die Mehrzahl der Leichtverwundeten hingegen überlebte.

Zu deutlich niedrigeren Opferzahlen als Hagemann, Smith und Siemann ist das »Dictionnaire Napoléon« gelangt. Hier ist zu lesen: während der Völkerschlacht hätten die Franzosen 50.000 Mann verloren, darunter 20.000 Tote. 60.000 Soldaten der Verbündeten seien getötet oder verwundet worden (S. 189).

XIV. Der Fortgang des Befreiungskrieges

Nach dem Sieg bei Leipzig nahmen die Verbündeten erst verspätet die Verfolgung auf. Napoleon gewann so einen Vorsprung und zog über Weißenfels, Erfurt, Eisenach und Fulda in Richtung auf den Rhein. Bayern hatte bereits einige Tage vor der Völkerschlacht die Seite gewechselt, und so versuchte der General Karl Philipp von Wrede dem napoleonischen Heer bei Hanau mit 30.000 bayerischen und österreichischen Soldaten den Weg zu verlegen. Er wurde aber am 30./31. Oktober geschlagen und selbst schwer verwundet. Am 2. November überschritt Napoleon bei Mainz den Rhein. Er hatte nur noch 60.000 Soldaten bei sich.

Die Hauptarmee und die Schlesische Armee rückten nun zum Rhein vor, das Korps Bülow befreite Holland. Die Verbündeten waren sich über die Fortführung des Krieges nicht einig. Die Regierenden Großbritanniens und Österreichs waren bereit, mit Napoleon Frieden zu schließen und ihm dabei weit entgegenzukommen. Zar Alexander und die Militärs Blücher und Gneisenau hingegen wollten den Krieg bis zum Sturz Napoleons fortsetzen.

Schließlich überschritt die Hauptarmee am 21. Dezember zwischen Kehl und Schaffhausen den Rhein, um über Schweizer Gebiet in Frankreich einzudringen. Sie umfaßte 94.000 Österreicher, 54.000 Russen, 30.000 Bayern, 12.000 Württemberger und 6.000 Preußen. Die Schlesische Armee, zunächst nur 60.000 Russen und 22.000 Preußen stark, ging in der Neujahrsnacht bei Kaub über den Rhein. 35.000 Soldaten der Nordarmee standen in Holland.

Wie im Vorjahr operierte die Hauptarmee der Verbündeten unter dem Kommando Schwarzenbergs zögerlich. Napoleon verfügte lediglich über 115.000 Soldaten, die er sehr geschickt einsetzte. In der zweiten Februarwoche griff er die Korps der Schlesischen Armee einzeln an und fügte ihnen schwere Verluste zu. Dagegen scheiterte am 9. und 10. März bei Laon sein Angriff auf die Schlesische Armee. Ende März stieß Napoleon nach Osten vor, um die Nachschubverbindungen der Verbündeten zu unterbrechen. Er rechnete darauf, daß die beiden Armeen der Verbündeten ihm folgen würden. Die Führung der Schlesischen Armee drängte jedoch darauf, direkt nach Paris zu marschieren. Am 25. März setzten die Schlesische Armee und die Hauptarmee sich in Marsch, am 31. zogen sie in die Hauptstadt ein.

Am 3. April erklärte der französische Senat Napoleon für abgesetzt. Zwei Tage später stellte er die Herrschaft der Bourbonen wieder her und setzte den Bruder des 1793 hingerichteten Ludwig XVI. als Ludwig XVIII. auf den Thron. Die Verbündeten beließen Napoleon den Kaisertitel und wiesen ihm die italienische Insel Elba als souveränes Fürstentum zu.

Das Regime der Bourbonen machte sich rasch unbeliebt, und Napoleon registrierte das sehr genau. Am 26. Februar 1815 verließ er heimlich Elba. Drei Tage später landete er mit 1.100 Soldaten an der Südküste Frankreichs. Das Regime der Bourbonen brach wie ein Kartenhaus zusammen. Bereits am 20. März zog Napoleon in Paris ein und riß die Herrschaft über Frankreich erneut an sich. Derweil stritten sich auf dem Wiener Kongreß die Verbündeten noch immer um die Früchte des Sieges von 1814 und um die Nachkriegsordnung, die Europa und namentlich Deutschland erhalten sollte. Die Meldung von Napoleons Rückkehr ließ vorerst allen Streit verstummen. Die europäischen Mächte stellten in Belgien als erste Staffel eine preußische Armee unter Blücher und eine englisch-niederländisch-deutsche Armee unter dem Herzog von Wellington bereit. Als zweite Staffel setzten sie 205.000 österreichische und 168.000 russische Soldaten in Marsch. Napoleon beschloß, loszuschlagen, bevor die großen Armeen Österreichs und Rußlands eingreifen konnten. Seine Armee bestand größtenteils aus kriegserfahrenen Soldaten. Viele von ihnen waren 1814 aus der Kriegsgefangenschaft zurückgekehrt und brannten darauf, die Niederlage von 1813/14 wettzumachen. Um die Generalität hingegen stand es schlechter als in früheren Feldzügen. Gerade einige der fähigsten Marschälle, so Bertier, Augereau und Marmont, hatten Frankreich verlassen. Macdonald weigerte sich rundweg, ein Kommando zu übernehmen. Und seinen besten Mann, Davout, hatte Napoleon 1815 zum Kriegsminister ernannt, weshalb dieser in Paris festsaß.

Am 15. Juni schob Napoleon sich bei Charleroi mit seiner Armee zwischen die Heere Blüchers und Wellingtons. Am folgenden Tage griff er bei dem Dorf Ligny mit 78.000 Soldaten die 82.000 Mann starke preußische Armee an, während er Wellington bei Quatre Bras durch die Truppen des Marschalls Ney festhalten ließ. Die Mehrzahl der preußischen Soldaten war kampferprobt, doch es gab auch eine erhebliche Anzahl flüchtig ausgebildeter Rekruten. Die Ausrüstung der Preußen ließ generell viel zu wünschen übrig.

Am Abend dieses 16. Juni eroberten die Franzosen nach erbitterten Kämpfen Ligny, und sie durchbrachen die Schlachtlinie der Preußen. Die geschlagene preußische Armee mußte sich zurückziehen. Ihre Soldaten waren zutiefst deprimiert. Sie hatten tapfer, aber glücklos gekämpft. 12.000 ihrer Kameraden waren gefallen, verwundet worden oder – wie beispielsweise der einstige Freikorpsführer Adolf von Lützow – in Gefangenschaft geraten. 8.000 Soldaten, die im Rheinland und in Westfalen einberufen worden waren, hatten sich nach der Schlacht einfach davongemacht. So übermüdet die preußischen Soldaten waren – sie kamen nicht zum Schlafen. Sie mußten vielmehr die ganze Nacht und den folgenden Tag über marschieren, um sich vom Gegner lösen zu können.

Nach seinem Sieg bei Ligny war Napoleon fest davon überzeugt, daß die geschlagenen Preußen sich zum Rhein zurückziehen würden. Er befahl seinem Marschall Grouchy, die preußische Armee mit 33.000 Mann zu verfolgen. Am Abend des 16. Juni war der preußische Oberbefehlshaber Blücher mit seinem Pferd schwer gestürzt und mit knapper Not der Gefangennahme entgangen. Sein Stabschef Gneisenau mußte an seiner

Die britische Armee 1815. Von links: Leichter Dragoner, Husar, Linieninfanterist, Life Guard, Dragoner, Reitender Artillerist, Schottischer Infanterist, Offizier der Leichten Infanterie

Stelle eine schnelle Entscheidung fällen. Er dirigierte die preußischen Kolonnen nicht nach Osten (zum Rhein hin), sondern nach Norden (zur Position Wellingtons hin) – ein riskanter Entschluß, denn Gneisenau trennte sich so völlig von seinen rückwärtigen Verbindungen. Grouchy merkte nicht, daß ihm schließlich nur noch ein preußisches Armeekorps gegenüberstand und die drei anderen sich von ihm lösten.

Am 18. Juni griff Napoleon mit 72.000 Mann die 68.000 Soldaten Wellingtons an, die auf einer Anhöhe südlich des Dorfes Mont Saint Jean Stellung bezogen hatten. Nur die Hälfte von Wellingtons Soldaten – die britischen Söldner und die Deutsch-Englische Legion – war kampferprobt. Die Franzosen rannten ungestüm immer von neuem an, doch Wellingtons Regimenter standen wie Felsen in der Brandung. Erst am Nachmittag gewannen die Franzosen allmählich die Oberhand. Da erschienen drei preußische Armeekorps, 40.000 Mann, auf dem Kampfplatz.

Die französischen Soldaten hatten seit Mittag wie die Löwen gekämpft. Jetzt gerieten sie in eine hoffnungslose Lage. Panik brach aus, und es erscholl der Ruf: »Rette sich, wer kann!« Von einigen wenigen Garde-

Napoleon in der Schlacht bei Waterloo, 18. Juni 1815

einheiten abgesehen, stürzte alles in wilder Flucht davon. Gneisenau verfolgte die französische Armee in geradezu napoleonischer Manier die ganze Nacht hindurch und zertrümmerte sie völlig. Die Bilanz des blutigen Tages: 25.000 Franzosen, 15.000 Soldaten der Armee Wellingtons, 7.000 Preußen waren gefallen oder verwundet worden. Mehr als 8.000 Franzosen gerieten in Gefangenschaft.

Um Waterloo, Napoleons letzte Schlacht, ranken sich Legenden und Spekulationen. Gewiß – hätte Marschall Grouchy sich nicht von den Preußen täuschen lassen und wäre rechtzeitig umgekehrt, dann hätte Napoleon bei Waterloo siegen können. Und dann? Ein Sieg am 18. Juni hätte ihm eine Atempause verschafft, mehr nicht. Im Laufe des Jahres 1815 sind 1,2 Millionen Soldaten der Verbündeten in Frankreich einmarschiert – eine gigantische Übermacht, gegen die Napoleon keine Chance gehabt hätte.

Am 21. Juni kehrte Napoleon nach Paris zurück. Bereits am Tag darauf zwang die Abgeordnetenkammer ihn, abzudanken. Napoleon begab sich in die Hafenstadt Rochefort. Er hoffte, von dort aus nach Amerika gelangen zu können. Doch Rochefort wurde von der britischen Flotte blockiert. Napoleon blieb nichts weiter übrig, als am 15. Juli an Bord des englischen Kriegsschiffes »Bellerophon« zu gehen. Die Briten brachten ihn nach Plymouth und von dort nach Sankt Helena, einer einsamen Insel weit im Südatlantik. Dort ist der Exkaiser am 5. Mai 1821 im Alter von 51 Jahren gestorben.

XV. Jahre der Restauration

Der Sieg über Napoleon im Herbst 1813 wurde zumindest in Norddeutschland von den meisten Menschen als Befreiung empfunden. Goethe aber wollte in den allgemeinen Jubel nicht einstimmen. Am 13. Dezember sagte er zu dem Historiker Heinrich Luden skeptisch: »... was ist denn errungen oder gewonnen worden? Sie sagen die Freiheit; vielleicht würden wir es aber Befreiung nennen; nämlich Befreiung nicht vom Joche der Fremden, sondern von einem fremden Joche. Es ist wahr: Franzosen sehe ich nicht mehr und nicht mehr Italiener, dafür aber sehe ich Kosaken, Baschkiren, Magyaren, Kassuben, Samländer, braune und andere Husaren.«

Für die Monarchen Europas und für Politiker wie Metternich war der Kampf gegen Napoleon zugleich auch ein Kampf gegen die Ideen der Französischen Revolution. Schon bald nach dem Sieg zeigte sich, daß in den deutschen Staaten die Reformen der Jahre 1807 bis 1812 nicht etwa zügig fortgeführt, sondern vielmehr verzögert, ja blockiert wurden.

Im Herbst 1814 traten in Wien Vertreter der Großmächte Rußland, Großbritannien, Österreich und Preußen sowie Frankreichs und aller anderen europäischen Staaten (mit Ausnahme der Türkei) zusammen. Es galt, nach einem Vierteljahrhundert der Kriege und Umwälzungen die Verhältnisse Europas und speziell Deutschlands neu zu ordnen. Am Wiener Kongreß nahmen unter anderem der russische Zar Alexander I., der österreichische Kaiser Franz I., der preußische König Friedrich Wilhelm III., der britische Außenminister Robert Stewart Viscount Castlereagh, der französische Außenminister Charles Maurice Herzog von Talleyrand-Périgord und der österreichische Außenminister Metternich teil.

Es gelang auf dem Kongreß, die gegensätzlichen Interessen der Großmächte, die teilweise in sehr schroffer Form zu Tage traten, durch Kompromisse auszugleichen und eine Friedensordnung zu schaffen, die lange Zeit Bestand haben sollte. 40 Jahre lang gab es fortan keinen Krieg zwischen den Großmächten, und der Krimkrieg der Jahre 1854 bis 1856 konnte lokalisiert werden.

Dem besiegten Frankreich gewährte man maßvolle Friedensbedingungen. Es mußte natürlich auf die Eroberungen Napoleons verzichten, behielt aber in den Grenzen von 1792 seine volle territoriale Integrität. Erst die vorübergehende Rückkehr Napoleons und der Feldzug des Jahres 1815 hatten zur Folge, daß Frankreich eine Kriegsentschädigung von 700

August Wilhelm Anton Neidhardt von Gneisenau (1760-1831), preußischer General, 1813/14 und 1815 Generalstabschef Blüchers

Millionen Francs zahlen mußte. Auf Initiative des Zaren Alexander I., der unter dem Einfluß religiöser Mystiker stand, unterzeichneten die Monarchen von Rußland, Österreich und Preußen einen Vertrag, in dem sie sich verpflichteten, ihre Politik auf der Grundlage der christlichen Religion zu führen. Fast alle Staaten Europas (mit Ausnahme Großbritanniens und des Osmanischen Reiches) traten dieser »Heiligen Allianz« bei.

Dominierende Gestalt des Wiener Kongresses war der österreichische Gesandte Metternich. Seine Politik war fortan darauf gerichtet, die 1815 geschaffene Ordnung der europäischen Verhältnisse zu zementieren und jeglichen politischen und gesellschaftlichen Wandel zu blockieren. Darüber hinaus trachtete er danach, den Liberalismus und Nationalismus einzudämmen.

Auch in Preußen bahnte sich eine politische Wende an. Seit dem Tod der Königin Luise im Jahre 1810 hatte sich um Friedrich Wilhelm III. eine konservative Kamarilla gebildet. Deren wichtigste Mitglieder waren der Prediger Friedrich von Ancillon und Wilhelm Ludwig Georg Fürst von Sayn-Wittgenstein, seit 1812 Chef der politischen Polizei und ab 1814 Polizeiminister. Sie standen in engem Kontakt zu Metternich.

König Friedrich Wilhelm III. hatte im Jahre 1807 notgedrungen Reformern wie dem Freiherr vom Stein und dem General Scharnhorst

Schlüsselpositionen von Staat und Armee übergeben. Namentlich Gneisenau, dem engsten Mitstreiter Scharnhorsts, stand er voller Mißtrauen gegenüber. Einen Monat nach der Völkerschlacht, um den 17. November 1813, soll er Gneisenau gegenüber dem britischen Militärbevollmächtigen Robert Wilson einen »bösen, vorwitzigen Kerl« genannt haben, der »beständiger Überwachung« bedürfe. Auch Zar Alexander betrachtete die patriotischen preußischen Militärs mit Argwohn. Im September 1815 sagte er in Paris zu einigen seiner Generale: »Meine Herren, es ist sehr möglich, daß wir dereinst dem König von Preußen gegen seine Armee zu Hilfe kommen müssen.«

Ende 1815 wurde Gneisenau Kommandierender General in Koblenz. Er scharte einen Kreis Gleichgesinnter um sich, darunter Carl von Clausewitz und die romantischen Dichter Max von Schenkendorf und Sixt von Arnim. Doch bereits im April 1816 nahm er seinen Abschied aus der Armee. Gneisenau war dahinter gekommen, daß reaktionäre Kreise in Berlin ihn beim König als angeblichen Revolutionär und Jakobiner anschwärzten. Offensichtliche Neider nannten sein Hauptquartier »Wallensteins Lager«, und die Geheimpolizei durchschnüffelte seine Briefe. Der General insgeheim ein Revolutionär? Keinesfalls! Gneisenau war und blieb ein loyaler Royalist und ein Feind der Französischen Revolution. Er fuhr fort, in Briefen – von denen er ja wußte, daß sie geöffnet wurden – zu äußern, daß er eine Verfassung, die der König zugesagt, deren Einführung er dann aber hintertrieben hatte, für notwendig hielt. Die Konstitution, so Gneisenau im Jahre 1818, sollte garantieren: öffentliche Gerichtsverfahren, Pressefreiheit, Abschaffung der geheimen Polizei und der Postkontrolle, »Verantwortlichkeit der Machtgeber«. Solche Veränderungen hätten die Macht des Königs nicht beseitigt, aber doch erheblich eingeschränkt.

Angesichts der restaurativen Tendenzen wuchs insbesondere unter den Studenten die Entschlossenheit, selber politisch tätig zu werden und der Reaktion nicht kampflos das Feld zu überlassen. Am 12. Juni 1815 gründeten Jenaer Studenten die sogenannte Ur-Burschenschaft. Mindestens acht der elf Initiatoren hatten im Befreiungskrieg in den berühmten Freikorps Lützow gekämpft. In den folgenden Monaten traten fast alle Jenaer Studenten ein. Auch an den meisten anderen deutschen Universitäten entstanden Burschenschaften. Keineswegs war es zufällig, daß sich die Burschenschaft gerade in Jena so stark entwickelte. Jena gehörte zum Großherzogtum Sachsen-Weimar-Eisenach, das so etwas wie ein liberaler Musterstaat war. Es galt als das Land Goethes, Schillers, Herders und Wielands, erhielt 1816 eine Verfassung und war nach damaligen Maßstäben ein Eldorado der freien Presse.

Am 18. und 19. Oktober 1817 protestierten dann 500 Studierende aus ganz Deutschland auf der Wartburg gegen die Restaurationspolitik der Fürsten und forderten ein einiges und freies Deutschland. Die fortschreitende Reaktion in den Staaten des Deutschen Bundes führte dazu, daß sich innerhalb der Burschenschaft ein allerdings zahlenmäßig schwacher radikaler Flügel entwickelte, dessen Vertreter sich selber »Schwarze« oder »Unbedingte« nannten. Sie verlangten die Republik und bejahten als Mittel des politischen Kampfes auch die Gewalt und den »Tyrannenmord«. Am 23. März 1819 ermordete der Burschenschafter und Turner Karl Ludwig Sand den Literaten und zaristischen Geheimagenten Kotzebue.

Viele der Regierenden in den deutschen Staaten befürchteten, es handle sich um den Beginn einer Serie von Terroranschlägen. Man glaubte ernsthaft, eine weit verzweigte Untergrundbewegung bedrohte die bestehende Ordnung. Dem intelligenten und zynischen Metternich aber kam Sands Mordanschlag gelegen. Seinem Vertrauten, dem Hofrat Friedrich von Gentz, erklärte er, der »vortreffliche Sand« habe »auf Kosten des armen Kotzebue« einen guten Anlaß geliefert, gegen die Studentenbewegung vorzugehen.

Unter dem maßgeblichen Einfluß Metternichs faßten Vertreter der größeren Staaten des Deutschen Bundes im August 1819 die »Karlsbader Beschlüsse«. Auf deren Grundlage nahm der Frankfurter Bundestag im September vier Ausnahmegesetze an: Die Burschenschaften wurden verboten, eine Pressezensur eingeführt und eine »Central-Untersuchungs-Commission« bestellt, die alle »revolutionären Umtriebe und demagogischen Verbindungen« bekämpfen sollte. Fortan war es möglich, politisch mißliebige Professoren zu entlassen und oppositionell eingestellte Studenten von öffentlichen Ämtern fernzuhalten. Gleichzeitig begannen die »Demagogenverfolgungen«. Hunderte von Studenten wanderten in die Kerker oder wurden ins Exil getrieben, einige auch zum Tode verurteilt.

Anfang Oktober 1819 legte der liberal gesinnte preußische Minister Wilhelm von Humboldt dem Staatsministerium einen Resolutionsentwurf vor, der einen Protest gegen die Karlsbader Beschlüsse enthielt. Justizminister Karl Friedrich von Beyme und Kriegsminister Boyen unterstützten den Vorstoß. Alle drei Minister, auch der Generalstabschef Carl Wilhelm von Grolman, wurden daraufhin vom König entlassen. Damit war die »konservative Wende« in Preußen vollzogen.

Der »Turnvater« Jahn, Präzeptor der Burschenschaft, war bereits im Juni 1819 festgenommen worden. Er blieb bis 1825 ohne Gerichtsverhandlung inhaftiert. Danach stellte man ihn in dem Städtchen Freyburg unter Polizeiaufsicht. Etliche Professoren, darunter Ernst Moritz Arndt sowie 1837 die »Göttinger Sieben«, wurden von ihren Lehrstühlen vertrieben. Viele Menschen resignierten, »privatisierten« und zogen sich in die Biedermeier-Idylle zurück. In Deutschland breitete sich politische Friedhofsruhe aus. Doch schon in den 1830er Jahren traten, so beim Hambacher Fest, von neuem demokratisch-nationale Kräfte auf den Plan.

Dem Stillstand auf politischer Ebene stand eine wachsende Dynamik auf wirtschaftlichem, besonders industriellem Gebiet gegenüber. 1815 waren Westfalen mit seinen reichen Steinkohlevorkommen und große Teile des Rheinlands an Preußen gefallen. Dank der Industrie, die sich an Rhein und Ruhr entwickelte, stieg Preußen zur führenden Wirtschaftsmacht Deutschlands auf.

XVI. Die Rezeption der Befreiungskriege und der Völkerschlacht

Sobald 1815 die Waffen schwiegen, setzte in Preußen und ganz Deutschland eine lang anhaltende Debatte über den Charakter der antinapoleonischen Kriege ein. Konservative Autoren sprachen von »Befreiungskriegen« und behaupteten, die Befreiung sei abgeschlossen. Sie hielten lange Zeit an der Legende fest, König Friedrich Wilhelm III. habe 1813 zum Befreiungskampf gerufen, und »alle, alle« seien gekommen. Sogar in der Neuausgabe von Gerhard Ritters Stein-Biographie vom Jahre 1981 stand noch: »Willig dem Ruf seines Königs folgend, trat das preußische Volk zum blutigen Waffengang an.«

Liberale Autoren hingegen sprachen von »Freiheitskriegen«. Sie erinnerten so daran, daß es den Patrioten von 1813 um mehr als nur um die Beseitigung der Fremdherrschaft gegangen war. Die Initiatoren des Wartburgfestes von 1817 hatten bewußt den 18. Oktober als Termin gewählt, um zwei nationale Gedenktage zu feiern: den 300. Jahrestag von Martin Luthers Thesenanschlag und den vierten Jahrestag der Völkerschlacht.

Die Festansprache am 18. Oktober 1817 hielt der Theologiestudent Heinrich Hermann Riemann. Er war Lützower Jäger gewesen, hatte als Leutnant in der Schlacht bei Ligny gekämpft und war mit dem Eisernen Kreuz ausgezeichnet worden. Er war mittlerweile 23 Jahre alt und galt allgemein als Wortführer der Jenaer Studenten.

Riemann pries Martin Luther als einen Streiter für die Geistesfreiheit und würdigte die Kämpfer der Befreiungskriege. Zur aktuellen Situation in Deutschland sagte er: »Vier lange Jahre sind seit jener Schlacht verflossen; das deutsche Volk hatte schöne Hoffnungen gefaßt, sie sind alle vereitelt. Alles ist anders gekommen, als wir erwartet hatten; viel Großes und Herrliches, was geschehen konnte und mußte, ist unterblieben; mit manchem heiligen und edlen Gefühl ist Spott und Hohn getrieben worden. Von allen Fürsten Deutschlands hat nur einer sein gegebenes Wort gelöst, der, in dessen freiem Lande wir das Schlachtfest begehen.« Der letzte Satz bezog sich, wie jeder der Anwesenden wußte, auf Carl August, den populären Großherzog von Sachsen-Weimar-Eisenach und Freund Goethes. Der junge Redner rief seine Kommilitonen auf, sich nicht etwa mit der deutschen Misere abzufinden, sondern all ihre Kraft für die Einheit und Freiheit des Vaterlandes einzusetzen.

Im Streit um die Bezeichnung der Kriege von 1813 bis 1815 setzte sich schließlich der Terminus »Befreiungskriege« durch. Diese Kriege blieben bis 1945 und in der DDR auch weiterhin ein Schwerpunkt der historischen Forschung und Publizistik.

Nationalistische deutsche Autoren und Politiker instrumentalisierten insbesondere zwischen 1871 und 1945 die Erinnerung an die Befreiungskriege als Beleg dafür, daß es eine deutsch-französische »Erbfeindschaft« gebe. Zum Jahrhundertjubiläum 1913 fanden in solchem Sinn offizielle Feiern statt.

In Westdeutschland gab es nach 1945 wenig Interesse für die Zeit der Befreiungskriege. Im Kalten Krieg stand für die BRD der Feind im Osten und der Freund im Westen. In der DDR war das umgekehrt. Das beeinflußte auch die Sicht auf die Zeit von 1813 bis 1815. So besaß für den Westen das Phänomen »Tauroggen« einen beunruhigenden Beigeschmack. Für die erstrebte Westintegration und namentlich für die Aussöhnung mit Frankreich fand man die Erinnerung an die Gemetzel der Jahre 1813 bis 1815 und gar an den antifranzösischen Furor mancher Akteure störend. Erst seit Beginn der 1980er Jahre wandte sich in der BRD die historische Forschung wieder stärker der Zeit der Reformen

Gedenktafel an der Russischen Gedächtniskirche in Leipzig

und antinapoleonischen Kriege zu. Dabei blieb der Tenor der meisten Veröffentlichungen skeptisch. Folgerichtig verwendeten beispielsweise Hans-Ulrich Wehler und Bernhard Struck/Claire Gantet den Begriff »Befreiungskriege« in Anführungsstrichen.

In der Sowjetischen Besatzungszone und dann in der DDR galt Preußen als Synonym für Reaktion, Junkertum und Militarismus. Die Führung der SED war bestrebt, die Erinnerung an Preußen auszulöschen. So ließ sie die Schlösser der Hohenzollern in Berlin und Potsdam sprengen. 1950 entfernte man in Berlin das berühmte Reiterstandsbild Friedrichs II. von Christian Daniel Rauch von seinem Platz auf der Straße unter den Linden. Für drei Jahrzehnte blieb das offizielle Preußen-Bild gleich.

Im Zuge dieser Abgrenzung von allem Preußischen wurden sogar Straßennamen wie die Blüchers, Scharnhorsts, Gneisenaus und Yorcks getilgt. In Leipzig und beispielsweise in Apolda geschah das bereits 1945, in Ost-Berlin hingegen erst 1951.

1952/53 fand jedoch eine Umdeutung der Befreiungskriege statt. Im Zusammenhang mit dem 140. Jahrestag der Völkerschlacht ehrte man nunmehr die Akteure des Befreiungskrieges. Unbekümmert erklärte man die Militärs Scharnhorst, Gneisenau und Clausewitz zu »Generalen des Fortschritts«. Ein Briefmarkensatz »Deutsche Patrioten« aus dem Jahre 1953 enthielt auch Bildnisse Blüchers und Schills.

In einem internen Schreiben der SED-Führung hieß es: Die Umbenennung jener Straßen, die Namen patriotischer Militärs von 1813 getragen hatten, sei ein Fehler gewesen. Die umbenannten Straßen sollten nicht wieder ihre alten Namen erhalten. In künftigen Neubaugebieten aber sollten Straßen die Namen von Akteuren der Befreiungskriege bekommen.

Das Bekenntnis zu den Befreiungskriegen und ihren Akteuren bedeutete, daß die Regierenden der DDR an eine wichtige und populäre nationale Tradition anknüpfen wollten. Die positive Sicht der Befreiungskriege erleichterte es, sich angesichts des beginnenden Aufbaus eigener Streitkräfte von der bisherigen rigiden Ablehnung alles Militärischen zu lösen.

Die Regierenden der DDR beschworen eine Tradition preußisch-russischer bzw. deutsch-russischer Waffenbrüderschaft. Sie stellten den Kampf der russisch-preußischen Schlesischen Armee 1813/14 und die enge Verbindung der DDR zur Sowjetunion in eine gemeinsame Linie. In den Veröffentlichungen über die Befreiungskriege wurden die Differenzen und Spannungen, die es 1813/14 auch zwischen preußischen und russischen Militärs gegeben hatte, ausgeblendet.

Zum aktuellen Stand der Forschung zu den antinapoleonischen Kriegen der Jahre 1813 bis 1815 gilt nach wie vor, was der Historiker Peter Brandt 1999 erklärte: »Eine modernen Ansprüchen genügende, sozial-, kultur- und mentalitätsgeschichtlich fundierte Gesamtdarstellung der Befreiungskriege existiert nicht.«

Die Völkerschlacht galt bis zum Ersten Weltkrieg als größte Schlacht der Weltgeschichte. Ihre Erinnerungsstätten zählen heute zu den Anziehungspunkten der Stadt an der Pleiße. Wer sich freilich heutzutage über das ausgedehnte Schlachtfeld von 1813 ein Bild machen will, merkt schnell, wie viel sich seitdem verändert hat. Damals zählte Leipzig rund 35.000 Einwohner, heute sind es 523.000. Schon längst gehören Brennpunkte des damaligen Kampfgeschehens wie Möckern und Probstheida zum bebauten städtischen Areal. Zu jener Zeit waren es Dörfer weit außerhalb der Stadt.

Es gibt mehr als hundert Denkmale der Schlacht. Dazu gehören die 44 sogenannten Apelsteine – in den 1860er Jahren aufgestellte Säulen, auf denen die Namen der Heerführer und die Stärke der Truppen angegeben ist, die an den jeweiligen Gefechten beteiligt waren. Unweit der Deutschen Nationalbibliothek erhebt sich die Russische Gedächtniskirche. Sie wurde 1912/13 als Erinnerungsstätte für die russischen Soldaten errichtet, die in der Völkerschlacht gefallen sind. Alle diese Denkmale werden dominiert vom kolossalen Völkerschlachtdenkmal, dem Wahrzeichen Leipzigs.

Die Idee, zur Erinnerung an die Völkerschlacht ein großes Denkmal zu errichten, kam sehr früh auf. Bereits im Jahre 1814 schrieb Ernst Moritz Arndt über ein solches Monument: »Soll es gesehen werden, so muß es groß und herrlich sein, wie ein Koloß, eine Pyramide, ein Dom zu Köln ...« Die Errichtung eines solchen Denkmals war zunächst nicht möglich, weil der König von Sachsen, Friedrich August I., im Jahre 1815 alle Feiern zur Erinnerung an die Schlacht verboten hatte. Sachsen hatte bis zur Völkerschlacht auf der Seite Napoleons gestanden und wurde 1815 dafür schwer bestraft: es mußte 57,5 % seines Territoriums an Preußen abtreten.

Im Jahre 1894 wurde dann der »Deutsche Patriotenbund zur Errichtung eines Völkerschlacht-Nationaldenkmals« gegründet. Vorsitzender des Vereins war der Leipziger Architekt Clemens Thieme. Er war 1894 erst 33 Jahre alt. Thieme organisierte durch die Einwerbung von Spenden und eine Lotterie erfolgreich die Finanzierung des Projekts. Die Mitglieder des Patriotenbundes gehörten der Mittel- und Oberschicht des Leipziger

Bürgertums an. Thieme selbst, mehr als die Hälfte der Vorstandsmitglieder und ein Drittel der Mitglieder des »Gesamtausschusses« waren Freimaurer. Gleichzeitig waren auch sie nationalistisch gesinnt. Sie wollten mit dem Denkmal daran erinnern, daß das Jahr 1813 die Geburtsstunde des deutschen Volkes gewesen sei. Angesichts der Zerrissenheit der wilhelminischen Gesellschaft beschworen sie die »herrliche Zeit« der Befreiungskriege.

Der Verein schrieb 1896 einen Wettbewerb aus, doch keiner der eingereichten Entwürfe entsprach völlig den Vorstellungen Thiemes. Schließlich wurde der Architekt Bruno Schmitz, der lediglich den 4. Preis des Wettbewerbs erhalten hatte, damit beauftragt, einen neuen Entwurf vorzulegen. Schmitz gehörte zu den renommiertesten deutschen Architekten seiner Zeit, hatte das Kyffhäuser-Denkmal und das Denkmal Kaiser Wilhelms I. am Deutschen Eck in Koblenz errichtet.

In der Gründerzeit waren zahlreiche Denkmale errichtet worden, bei denen der Monarch als Repräsentant der Nation fungierte. Thieme und seine Mitstreiter entschieden sich für eine abstrakte Gestaltung des Denkmals, ein tempelartiges Monument, das die Geschlossenheit des deutschen Volkes symbolisieren sollte. In der »Weiheschrift« des Patriotenbundes schrieb Bruno Schmitz dann 1913: »der Held des Denkmals ist das ganze deutsche Volk, welches sich erhob«.

Thieme war die treibende Kraft des Patriotenbundes. Er änderte den neuen Entwurf von Schmitz in erheblichem Maße ab und leitete dann die Bauausführung. Das Denkmal wurde in den Jahren 1900 bis 1913 in einem archaischen Monumentalstil errichtet. Es besteht zu etwa 90% aus Beton, der mit Granitporphyr aus dem nahegelegenen Beucha verkleidet wurde.

Das Denkmal ist 91 Meter hoch, seine Masse beträgt 300.000 Tonnen. Es steht im Stadtteil Probstheida, dem Brennpunkt der Kämpfe am 18. Oktober 1813. Im Unterbau des Denkmals befindet sich die Krypta, das symbolische Grab der Gefallenen von 1813. Darüber erhebt sich die Ruhmeshalle mit vier jeweils 9,5 Meter hohen Statuen, welche die Tugenden des deutschen Volkes im Befreiungskrieg symbolisieren sollten: Tapferkeit, Glaubensstärke, Volkskraft und Opferfreudigkeit. An der Spitze des Kuppelbaus oberhalb der Ruhmeshalle befindet sich eine begehbare Aussichtsplattform.

Die Figuren des Denkmals wurden von den Bildhauern Franz Metzner und Christian Behrens, zwei namhaften Vertretern des Jugendstils, geschaffen. Am Fuß des Denkmals steht die riesige Figur des Erzengels Michael, der als Führer der himmlischen Heerscharen und »Kriegsgott der Deutschen« gilt. 16 Kriegerfiguren halten an den Wänden der Krypta die Totenwache, zwölf je 12 Meter hohe Wächter stehen an der Außenseite der Kuppel.

Die Aussage des Denkmals ist gemäß den Intentionen Thiemes und seiner Mitstreiter ambivalent. In seiner Symbolik verbindet sich nationalistisches Pathos mit den humanitären Idealen der Freimaurer. Die Figuren sind von Ernst und Trauer geprägt. Sie demonstrieren Abwehrbereitschaft, nicht aber den Willen zum Angriff. Das Völkerschlachtdenkmal unterscheidet sich so deutlich vom Hermannsdenkmal bei Detmold, bei dem Hermann triumphierend das Schwert erhebt.

Das Denkmal wurde am 18. Oktober 1913 eingeweiht. Zu den Feierlichkeiten hatte man Vertreter der einstigen Verbündeten Österreich, Rußland und Schweden, nicht aber Vertreter Frankreichs eingeladen. Kaiser Wilhelm II. nahm an der Einweihung des Denkmals teil. Doch er, der sonst bei jeder Gelegenheit redete, hielt diesmal keine Ansprache. Er war sehr an einer Glorifizierung seiner Hohenzollern-Dynastie interessiert, nicht aber an einem Denkmal, das abstrakt dem deutschen Volk galt.

Im Jahre 1913 hatten sich die Spannungen zwischen der britisch-französisch-russischen Entente und dem deutsch-österreichischen Machtblock bereits gefährlich zugespitzt. Im deutschen Kaiserreich nutzten nationalistische Kräfte die Veranstaltungen zum Jubiläum der Völkerschlacht dazu, trotzig zu bekunden, daß man sich vor einem großen Krieg keineswegs fürchte. Der »Vorwärts«, das Zentralorgan der Sozialdemokratischen Partei, schrieb deshalb am 19. Oktober 1913: »Die Feier der Freiheitskriege war nichts als eine Fürstenfeier, höchstens noch eine Kundgebung des borniertesten Nationalismus im Zeichen des schlachtenwitternden Imperialismus.«

Eine Woche vor dem Jubiläum, am 11. und 12. Oktober 1913, schlossen sich während des »Ersten Freideutschen Jugendtages« auf dem Hohen Meißner bei Kassel dreizehn kleinere Jugendorganisationen zur Freideutschen Jugend zusammen. Auch zwei der Wandervogelbünde – der Jung-Wandervogel sowie der Österreichische Wandervogel – traten der neuen Dachorganisation bei. Das Treffen auf dem Hohen Meißner war bewußt als eine Demonstration gegen die nationalistischen Feiern angelegt worden, welche studentische Korporationen anläßlich des 100. Jahrestages der Völkerschlacht veranstalteten. Der Reformpädagoge Gustav Wyneken

Das Völkerschlachtdenkmal

hielt eine der Festreden. Er trat kriegstreiberischen Äußerungen scharf entgegen und rief: »Wenn ich die leuchtenden Täler unseres Vaterlandes hier zu unseren Füßen ausgebreitet sehe, so kann ich nicht anders als wünschen: Möge nie der Tag erscheinen, wo des Krieges Horden sie durchtoben. Und möge auch nie der Tag erscheinen, wo wir gezwungen sind, den Krieg in die Täler eines fremden Volkes zu tragen.«

Welche Botschaft Thieme und die Seinen auch immer hatten aussenden wollen – in den Jahren der Weimarer Republik diente das Völkerschlachtdenkmal den nationalistisch gesinnten Feinden der Republik wiederholt als Kulisse für ihre Kundgebungen. 1938 zog das NS-Regime zum 125. Jahrestag der Völkerschlacht am Denkmal eine Großveranstaltung auf, die ganz der ideologischen Kriegsvorbereitung galt. In der DDR beschwor man am Denkmal als Vermächtnis der Völkerschlacht die deutsch-russische Waffenbrüderschaft. Mittlerweile ist das eindrucksvolle Denkmal einfach ein Touristenmagnet. Wir leben heute in einem friedlichen und demokratischen Europa. Die Zeiten, in denen die Erinnerung an das Gemetzel von 1813 zugunsten von Ideologien instrumentalisiert wurde, sind vorüber.

XVII. Zeittafel

14. Juli 1789	Sturm auf die Bastille. Beginn der Französischen Revolution.
1792	Krieg des revolutionären Frankreich gegen Österreich und Preußen.
1793	England, Spanien, Portugal, die Niederlande und Neapel schließen sich dem Krieg gegen Frankreich an (I. Koalitionskrieg, bis 1797).
1795 bis 1801	Frankreich annektiert die linksrheinischen Gebiete Deutschlands. Die Feudalverhältnisse werden dort konsequent beseitigt.
9./10. Nov. 1799	Napoleon errichtet seine Militärdiktatur.
24. März 1803	Napoleon erzwingt den Reichsdeputationshauptschluß. 112 deutsche Zwergstaaten werden beseitigt.
21. März 1804	In Frankreich tritt das Bürgerliche Gesetzbuch (»Code civil« bzw. »Code Napoleon«) in Kraft.
18. März 1804	Napoleon macht sich zum »Kaiser der Franzosen«.
1805	3. Koalitionskrieg Englands, Österreichs, Rußlands, Schwedens und Neapels gegen Frankreich. Preußen bleibt neutral. Sieg Napoleons bei Austerlitz (2. Dezember 1805).
25. Febr. 1806	Napoleon nötigt Preußen den Traktat von Paris auf. Preußen erhält das Kurfürstentum Hannover, muß aber Ansbach, Kleve, Neuenburg und Wesel abtreten und seine Häfen für britische Schiffe sperren.
12. Juli 1806	16 west und süddeutsche Fürsten gründen den Rheinbund, der unter der Vorherrschaft Frankreichs steht.
9. Aug. 1806	König Friedrich Wilhelm III. ordnet die Mobilisierung des größten Teils der preußischen Armee an.
14. Okt. 1806	Napoleon und sein Marschall Davout bereiten in der Schlacht bei Jena und Auerstedt der preußischen und sächsischen Armee eine verheerende Niederlage.
21. Nov. 1806	Napoleon verkündet von Berlin aus die Kontinentalsperre.
7./8. Febr. 1807	Unentschiedene Schlacht zwischen der französischen und der russischen Armee bei Preußisch-Eylau.
14. Juni 1807	Sieg Napoleons über die russische Armee bei Friedland.
7./9. Juli 1807	Rußland und Preußen müssen mit Napoleon den Frieden von Tilsit schließen.
Juli 1807	Generalmajor Scharnhorst wird von König Friedrich Wilhelm III. zum Vorsitzenden der Militär-Reorganisationskommission ernannt.

3. Okt. 1807	Freiherr vom Stein wird zum leitenden Minister Preußens berufen.
2. Mai 1808	Volksaufstand in Madrid gegen die französischen Besatzungstruppen.
27. Sept. – 31.Okt. 1808	Fürstenkongreß in Erfurt.
24. Nov. 1808	Entlassung des Freiherrn vom Stein.
8. April 1809	Volksaufstand in Tirol.
9. April 1809	Österreich erklärt Frankreich den Krieg.
24./22. Mai 1809	Schlacht bei Aspern. Erste Niederlage Napoleons in einer Feldschlacht.
5./6./7. Juli 1809	Sieg Napoleons in der Schlacht bei Wagram.
20. Febr. 1810	Erschießung Andreas Hofers.
4. Juni 1810	Graf Hardenberg wird zum Staatskanzler Preußens berufen.
24. Febr. 1812	Bündnisvertrag zwischen Frankreich und Preußen.
24. Juni 1812	Napoleons »Große Armee« marschiert in Rußland ein.
7. Sept. 1812	Schlacht bei Borodino.
14. Sept. 1812	Die »Große Armee« rückt in Moskau ein.
19. Okt. 1812	Die »Große Armee« muß Moskau räumen.
26.-29. Nov. 1812	Übergang der »Großen Armee« über die Beresina.
30. Dez. 1812	Der preußische General von Yorck schließt mit dem russischen General Diebitsch die Konvention von Tauroggen und trennt sich mit seinem Korps von der französischen Armee.
7. Febr. 1813	Der ostpreußische Landtag beschließt, eine Landwehr aufzustellen.
24. Febr. 1813	Volksaufstand in Hamburg.
16. März 1813	Preußen erklärt Frankreich den Krieg.
25. April 1813	Napoleon trifft in Erfurt ein.
2. Mai 1813	Schlacht bei Großgörschen.
20./21. Mai 1813	Schlacht bei Bautzen.
1. Juni 1813	Beginn eines Waffenstillstands.
17. Juni 1813	Überfall französischer und württembergischer Truppen auf das Freikorps Lützow.
26. Juni 1813	Treffen zwischen Napoleon und dem österreichischen Außenminister Metternich.
17. Aug. 1813	Ende des Waffenstillstands.
23. Aug. 1813	Schlacht bei Großbeeren.
26. Aug. 1813	Schlacht an der Katzbach.
26./27. Aug. 1813	Schlacht bei Dresden.
29./30. Aug. 1813	Schlacht bei Kulm.
6. Sept. 1813	Schlacht bei Dennewitz.
16. Sept.1813	Gefecht an der Göhrde.

3. Okt. 1813	Die Schlesische Armee der Verbündeten überschreitet bei Wartenburg die Elbe.
14. Okt. 1813	Gefecht bei Liebertwolkwitz.
16. Okt. 1813	Erster Tag der Völkerschlacht. Kämpfe bei Wachau und Möckern.
17. Okt. 1813	Zweiter Tag der Völkerschlacht. Eintreffen der Russischen Reservearmee, der österreichischen Armeeabteilung Colloredo und der österreichischen Division Bubna.
18. Okt. 1813	Dritter Tag der Völkerschlacht. Kampf um Probstheida.
19. Okt. 1813	Vierter Tag der Völkerschlacht. Erstürmung Leipzigs durch die Verbündeten. Rückzug der französischen Armee.
30./31. Okt. 1813	Schlacht bei Hanau.
20. Dez. 1813	Die Hauptarmee der Verbündeten überschreitet bei Schaffhausen den Rhein.
1. Jan. 1814	Die Schlesische Armee überschreitet bei Kaub den Rhein.
9./10. März 1814	Schlacht bei Laon.
31. März 1814	Einmarsch der Verbündeten in Paris.
3. April 1814	Absetzung Napoleons.
18. Sept. 1814 - 9. Juni 1815	Auf dem Wiener Kongreß ordnen die Vertreter der Großmächte Rußland, Großbritannien, Österreich, Preußen und Frankreich die Verhältnisse Europas und speziell Deutschlands neu. Sie sind bestrebt, die vor 1789 bestehende Ordnung zu restaurieren. Gleichzeitig schaffen sie eine Friedensordnung, die mehrere Jahrzehnte lang Bestand hat.
1. März 1815	Rückkehr Napoleons nach Frankreich.
16. Juni 1815	Schlacht bei Ligny.
18. Juni 1815	Schlacht bei Waterloo.
5. Mai 1821	Napoleon stirbt in der Verbannung auf der Insel St. Helena.

XVIII. Dokumente

Theodor Körner: Lützows wilde Jagd

Was glänzt dort vom Walde im Sonnenschein?
Hör's näher und näher brausen.
Es zieht sich herunter in düsteren Reihn,
Und gellende Hörner schallen darein,
Und erfüllen die Seele mit Grausen.
Und wenn ihr die schwarzen Gesellen fragt,
Das ist Lützows wilde verwegene Jagd.

Was zieht dort rasch durch den finstern Wald,
Und streift von Bergen zu Bergen?
Es legt sich in nächtlichen Hinterhalt;
Das Hurra jauchzt, und die Büchse knallt,
Es fallen die fränkischen Schergen.
Und wenn ihr die schwarzen Jäger fragt,
Das ist Lützows wilde verwegene Jagd.

Wo die Reben dort glühen, dort braust der Rhein,
Der Wütrich geborgen sich meinte;
Da naht es schnell mit Gewitterschein,
Und wirft sich mit rüst'gen Armen hinein,
Und springt ans Ufer der Feinde.
Und wenn ihr die schwarzen Schwimmer fragt,
Das ist Lützows wilde verwegene Jagd.

Was braust dort im Tale die laute Schlacht,
Was schlagen die Schwerter zusammen?
Wildherzige Reiter schlagen die Schlacht,
Und der Funke der Freiheit ist glühend erwacht,
Und lodert in blutigen Flammen.
Und wenn ihr die schwarzen Reiter fragt,
Das ist Lützows wilde verwegene Jagd.

Wer scheidet dort röchelnd vom Sonnenlicht,
Unter winselnde Feinde gebettet?

Es zuckt der Tod auf dem Angesicht,
Doch die wackern Herzen erzittern nicht;
Das Vaterland ist ja gerettet!
Und wenn ihr die schwarzen Gefallnen fragt,
Das war Lützows wilde verwegene Jagd.

Die wilde Jagd, und die deutsche Jagd
Auf Henkersblut und Thyrannen! -
Drum, die ihr uns liebt, nicht geweint und geklagt!
Das Land ist ja frei, und der Morgen tagt,
Wenn wir's auch nur sterbend gewannen!
Und von Enkeln zu Enkeln sei's nachgesagt:
Das war Lützows wilde verwegene Jagd.

Theodor Echtermeyer, Auswahl deutscher Geschichte für höhere Schulen, hrsg. von Alfred Rausch, 47. Aufl., Halle 1931, S. 697 f.

Der russische Verbindungsoffizier Friedrich von Schubert über das Verhältnis zwischen den russischen und preußischen Militärs:

Aber das preußische Hauptquartier war eine vollkommene terra incognita, mit der man bekannt werden mußte, obgleich es für mich gar keine Anziehungskraft hatte. Es war eine sonderbare Erscheinung, welche sich schon im Jahre 1807 zeigte, und jetzt sich wieder offenbarte, nämlich der offensichtliche Mangel an Sympathie zwischen den russischen und preußischen Truppen, obgleich beide sich gegenseitig achteten. Weder die Generäle noch die Offiziere der beiden Armeen hatten miteinander Umgang, und sie paßten auch nicht zueinander; bei den Offizieren war die Schwierigkeit, sich verständlich zu machen, wohl ein Grund, doch nicht der einzige. Die Hauptsache war, daß die preußische Pedanterie, ihre Aufschneidereien, ihre Rodomontaden, ihre ökonomischen Gewohnheiten sie durchaus zu keinen Kameraden für unsere Offiziere machten, die alle Lebemänner waren, den letzten Heller sorglos vertranken oder verspielten und von Pedanterie oder Rodomontaden durchaus nichts wußten; denn ein anspruchsloseres, weniger auf seine Siege stolzes Völkchen als unser Offizierskorps hat es sicher nie gegeben. Unsere Soldaten hatten eine Art gutmütiger Geringschätzung für die Preußen: es waren ja »Nemzy« [Deutsche], aber bei den Generälen und höheren

Offizieren, da lag die Sache tiefer. Der König von Preußen liebte uns, seine Generäle aber nicht; wir waren für sie nützliche und notwendige Alliierte, aber keine Freunde, und dieses Gefühl gab sich bei jeder Gelegenheit kund und entsprang wohl hauptsächlich aus Neid. Preußen war von Napoleon aufs schimpflichste gedemütigt worden, Rußland hatte ihn immer glorreich bekämpft, zuletzt seine ganze Armee zerstört, und jetzt half es Preußen, seine verlorene Macht wiederherzustellen. Das konnten sie uns nicht verzeihen! Unter allen preußischen Generälen habe ich nur einen, Hünerbein, gekannt, der eine Ausnahme machte, ein gebildeter, jovialer Mann war und mit den Russen guten Umgang pflog. Und glauben Sie nicht, daß nach zwei zusammen durchkämpften Feldzügen im Frieden sich diese Verhältnisse anders gestaltet hätten; im Gegenteil, sie waren womöglich noch schlechter geworden, da der preußische Hochmut gewachsen war. Ein Krieg der Russen alliiert mit Franzosen gegen die Preußen wäre in der russischen Armee vom ersten bis zum letzten mit Jubel begrüßt worden; die Franzosen waren uns viel sympathischer als die Preußen, und ich glaube, dieses Gefühl lebt noch fort.

Friedrich von Schubert, Unter dem Doppeladler. Erinnerungen eines Deutschen in russischem Offiziersdienst 1789-1814. Hrsg. und eingeleitet von Erik Amburger, Stuttgart 1962, S. 315.

Friedrich von Schubert über die preußischen Generale Blücher und Gneisenau:

Der alte Blücher war der einzige, der uns gern hatte; er war ein alter Husar, der vom Kriege weiter nichts als das Einhauen verstand, dessen ganze Kriegskunst nur darin bestand, immer vorwärts zu gehen (woher er auch den Beinamen »Feldmarschall Vorwärts« bekam), der Frankreich, die Franzosen und alles Französische haßte, der die Demütigung Preußens an ihnen rächen wollte und in Napoleon die Quelle alles möglichen Übels sah.

Von höheren Ansichten, von den gelehrten kriegerischen Bewegungen hatte seine Seele keine Ahnung; alle Dispositionen, Befehle, Anordnungen, überließ er blindlings seinem Chef des Generalstabs, Gneisenau, in den er ein unumschränktes Vertrauen hatte. Er wollte nur eins: immer angreifen und vorwärts gehen, und mit diesem einfachen, fast einfältigen System, welches er mit dem größten Starrsinn, mit eisernem Willen verfolgte, hat er Napoleon mehr Schaden getan, als die gelehrtesten und künstlichsten Kombinationen es hätten tun können. Mit seinen schnellen Bewegungen, seiner Tätigkeit, seinem rastlosen Vorwärtsstürmen riß er die anderen Armeen mit fort, die ihn nicht im Stiche lassen konnten; und so wurde er eigentlich die Seele des ganzen Krieges, obwohl er ohne Zweifel von allen Anführern die wenigsten Feldherrntalente besaß. Er war ganz und gar der flotte Husarenoffizier geblieben, der er in der Jugend gewesen war, die Tabakpfeife kam nie aus seinem Munde, in seinem Leben und Gewohnheiten war er einfach, aber er trank gern und viel, spielte hohes Hasardspiel bis spät in die Nach und kam wohl selten ganz nüchtern zu Bett; mit Lesen und Schreiben gab er sich nicht ab, außer daß er seinen Namen mit einer Art Runenschrift unter Gneisenaus Befehle setzte, und außer seiner pommerschen Mundart verstand er keine andere Sprache.

Gneisenau haßte geradezu die Russen, war aber ein genialer, gescheiter Mann von Geist und Energie; er kommandierte eigentlich die Schlesische Armee, doch hätte er dies nicht in seinem eigenen Namen tun können. Auf der einen Seite war er dazu noch nicht im Range genug vorgeschritten, und dann forderte die öffentliche Meinung, daß Blüchers in Preußen hochgefeierter Name an der Spitze stünde; es war ungefähr so wie im Jahre 1812 bei der Ernennung Kutusows in der russischen Armee. Das Verhältnis zwischen Blücher und seinem Chef des Generalstabes war das trefflichste, welches man sich denken kann; beide vom Feuer gegen die Franzosen beseelt.

Der eine aber kannte nur den Begriff »Vorwärts«, hatte vollkommenes Zutrauen in die höheren Fähigkeiten des anderen, dem er alle Anordnungen, um vorwärtszukommen, überließ und die Verantwortlichkeit dafür selbst übernahm. Blücher fühlte so sehr, daß er ohne Gneisenau nichts hätte ausrichten können, daß im Jahre 1814, als die verbündeten Monarchen und Hauptanführer nach dem Frieden von Paris in England waren, er bei einem Diner, welches die Universität Oxford ihm zu Ehren gab und wo ihm bei Tische das Ehrendiplom eines Doktors überreicht wurde, ausrief: »Nun, wenn ihr mich zum Doktor gemacht habt, so muß Gneisenau wenigstens Apotheker werden!« Die Abneigung, welche dieser letztere gegen uns hatte, war für unsere Truppen nicht vorteilhaft; sie wurden beständig gegen die preußischen zurückgesetzt, hatten immer die schwersten Märsche zu machen, bekamen die schlechtesten Quartiere, für ihre Verpflegung wurde wenig gesorgt und in den Berichten wurde ihrer so wenig wie möglich gedacht.

Friedrich von Schubert, Unter dem Doppeladler, S. 316-318

Brief des Generals August von Gneisenau an Carl von Clausewitz:

Goldberg, den 28. August 1813

Mein teurer Freund.

Wir haben vorgestern eine schöne Schlacht gewonnen; entscheidend, wie die Franzosen noch nie eine Schlacht verloren haben.

Den 19. d[diesen Monats] hatten die Feindseligkeiten mit einem heftigen Gefecht bei Löwenberg begonnen, nachdem bereits der General Sacken mehrere Gefechte der zweiten Ordnung gehabt hatte. Am 21. wollte uns der französische Kaiser bei Löwenberg zu einer allgemeinen Schlacht bringen und uns während derselben über Bunzlau in Flanke und Rücken gehen. Wir wichen aus und zogen mit unserer Arrieregarde, stets fechtend, gegen Lauterseiffen zurück. Der Feind folgte uns des anderen Nachmittags, aber kraftlos. Dieses gab uns die Vermutung, daß er Truppen aus der Armee vor uns weggezogen habe. Wir gingen bis Goldberg, um unsere rechte Flanke, die noch immer bedroht war, zu sichern. Am 23. entspann sich bei Goldberg ein sehr heftiges Gefecht, doch abermals nur mit unseren sämtlichen Arriergarden und der Brigade Mecklenburg. Als Graf Langeron in der linken Flanke durch den Verlust des Wolfsbergs genommen war, traten wir unseren Rückzug bis hinter Seichau an, Yorck (der Elende) wich aber in der Nacht bis eine Meile hinter Jauer zurück. Langeron konnte mit Mühe in seiner vortrefflichen Stellung erhalten werden.

Am 25. machten wir einen Entwurf, über die Katzbach zu gehen und dem Feind zwischen Liegnitz und Goldberg ins Zentrum zu gehen. Die Disposition war bereits ausgegeben, die preußischen Truppen nebst Sacken im Marsch; das Hauptquartier um 9 Uhr des Morgens schon in Brechtelshof, als Langeron in seiner festen Stellung hinter dem Dorfe Hennersdorf kanoniert wurde. Wir hielten mit dem Marsch inne und wollten die Dinge sich näher entwickeln lassen. Bald kam die Meldung von unseren Vorposten, der Feind rücke an gegen uns. Schnell machten wir unsere Anstalten. Hinter sanften Höhen verbargen wir unsere Armee und ließen nur unsere Avantgarde auf der weiten Ebene am rechten Ufer der wütenden Neiße. Die Punkte für einige Batterien wurden schnell genommen.

Mittlerweile hatte der Feind den Grafen Langeron von Stellung zu Stellung geworfen. Dieser konnte nicht Widerstand tun, indem der Elende sein sämtliches Geschütz bis auf 30 Sechspfünder zwei Meilen weit zurückgeschickt hatte, nur um sich nicht zu schlagen, was er fast stets verweigerte. Seine linke Flanke war ihm bereits von Hermsdorf her genommen, und nun wollte der Feind dessen rechte Flanke umgehen, um ihn vollends aus seiner Stellung an der wütenden Neiße zu stürzen, wo das ganze Korps aufgelöst worden wäre. Die Flüchtlinge hätten sich dann bei Jauer, sofern wir dort geblieben wären, auf uns geworfen, und wir waren ohne Rettung verloren.

Unser Entwurf zum Angriff und der Umstand, daß wir zeitig marschiert gewesen waren, retteten uns vom Verderben. Wir konnten nun mit Ruhe unsere Dispositionen machen. Der Feind war über die Katzbach herübergekommen und hatte nun das Defilee in seinem Rücken. Er ging nun auf unsere Avantgarde los. Schnell ließen wir die Brigaden aus ihrem Hinterhalt hervorbrechen und mit dem Bajonett auf den Feind losgehen. Der Regen war unaufhörlich; der Sturm schlug uns ins Gesicht. Die Infanterie zeichnete sich durch hohe Tapferkeit aus. Ein langes, unentschiedenes Kavalleriegefecht in einer Linie entspann sich. Wir brachten neue Schwadronen heran. Einige unserer Bataillonsmassen, darunter ein Bataillon Landwehr, vernichtete eine starke feindliche Infanteriemasse. Wir brachten mehr Geschütz vor. Der General Sacken hatte eine Linksschwenkung gemacht; wir preßten den Feind in einen engen Raum. Er ward an den steilen Talrand der wütenden Neiße und der Katzbach mit seinem Rücken eingeklemmt und schlug sich um seine Rückzugsstraße. Seine Reiterei verschwand; wir dirigierten mehr Infanteriemassen gegen seine Linie und eine starke Infanteriemasse, die noch Widerstand tun wollten; und nachdem wir selbige mit einigen Stücken Geschütz kartätscht und mit Tirailleurs geängstigt hatten, ließen wir eine Batailsmasse auf sie losgehen und sie vollends den steilen Talrand hinterstürzen. Alle Kriegsfuhrwerke flohen in der wildesten Flucht, und an dem Rande und dem steilen Abhange lag alles in der Unordnung des Schreckens. Die Nacht brach ein; von unserer Kavallerie konnte nur wenig gesammelt werden. Sie setzte nicht nach, weil sie ihr Handwerk nicht mehr versteht.

Der Befehl ward erteilt, daß die Armee um 2 Uhr nachts dem Feinde folgen sollte. Die Befehlshaber konnten zum Teil nicht gefunden werden, andere hatten nicht Lust. Erst des anderen Morgens gegen Mittag ging die Avantgarde über den Fluß, und die Brigade Horn folgte.

Graf Langeron ward gerettet, indem einige Bataillone von unserer Brigade Steinmetz über die wütende Neiße gingen und den Feind in die linke Flanke nahmen.

Ohngeachtet, daß die Menschen nicht verstehen, einen erfochtenen Sieg zu nutzen, so sind die Resultate des unsrigen dennoch groß, soviel sie bis jetzt bekannt sind. Etwa 60 Kanonen, 200 Pulverwagen und Feldschmieden (letztere allein 8), 6.000-7.000 Gefangene sind die Früchte des Sieges. Was wir auf unserem Marsche von Eichholz hierher gesehen haben an Leichnamen, Kriegsfuhrwerken usw. und was wir über die Unordnung und Zusammensetzung der Arrièregarde, die aus allen Flüchtlingen mehrerer Regimenter besteht, behört haben, beweist uns, daß Macdonalds Armee gänzlich aufgelöst ist. Wir sind gestern durch die angeschwollenen Gewässer bis an die Brust gegangen; wir hoffen, den Feind am Bober zu finden und diesen Fluß vielleicht so angeschwollen, daß sie nicht sich retten können. Eine Division hat bereits bei Hirschberg nicht über den Fluß kommen können und mußte ihren Weg am unfahrbaren rechten Ufer des Bobers nehmen. Nach einem aufgefangenen Briefe des Divisionsgenerals haben sich ¾ derselben bereits in die Wälder verlaufen. Ich lasse die Sturmglocke ziehen, um die Bauern gegen sie aufzubieten.

Der Plan des französischen Kaisers war, uns zu schlagen, dadurch einen Eingang in Böhmen zu gewinnen und sodann konzentrisch in dieses Land einzuziehen im Rücken der großen Armee. Wir haben diesen Plan vereitelt und eine große Armee vernichtet. Wir hatten gegen uns das Korps von Ney, jetzt Souham, Macdonald, Lauriston, Bertrand und das Kavalleriekorps von Sebastiani. Was von mir abhängt, soll geschehen, um diese Armee vollends zu vernichten. Der Graf von Saint-Priest soll von Hirschberg über Greiffenberg, Marklissa gegen die Straße von Lauban nach Dresden vordrücken, und Neuperg soll sich dort mit ihm vereinigen.

Diese Schlacht ist der Triumph unserer neugeschaffenen Infanterie. Ich habe keine Traineurs derselben im tiefsten Gewühl der Schlacht gesehen. Alle Bataillone standen auf den hervorspringenden Punkten des Terrains in vollen Vierecken.

Ein Landwehrbataillon v. Thiele ward von feindlicher Reiterei umringt und aufgefordert, sich zu ergeben. Es feuerte; nur ein Gewehr ging los; dennoch ergaben die Landwehrmänner sich nicht. Nein! Nein! schrien sie und stießen mit den Bajonetten. Einen Augenblick war unsere Kavallerie geschlagen, und schon hatte sie eine halbe Batterie verloren. Alles ward durch Unterstützung wieder gutgemacht. Die Schlacht hatte ganz das Ansehen einer antiken. Das Feuer während derselben schwieg gegen Ende des Tages ganz, bis wir durch den durchweichten Boden wieder Geschütz herberufen konnten. Nur das Geschrei der Streitenden erfüllte die Luft; die blanke Waffe entschied.

Yorck hatte abermals alles für verloren gehalten. Wir sind verloren! schrie er. Jeder will sich Lorbeeren sammeln. Wir gehen zugrunde; der Sieg wurde mir aus der Hand gerissen und solche Reden mehr. Und dennoch stand unsere ganze Infanterie in schönster Ordnung. Der Marsch von hinter Jauer sollte nicht gemacht werden. Man fatiguierte die Truppen ohne Zweck, hieß es. So mußten wir diesen Sieg erzwingen, das Glück war uns hold, und die gerechte Sache siegte trotz aller Mißgünstigen.

Empfehlen Sie mich, mein teurer Freund, Ihrer Gemahlin und bleiben Sie gewogen Ihrem überglücklichen Freund

N. v. Gneisenau.

Wir schwierig meine Lage ist, können Sie sich denken. Blücher will immer vorwärts und hält mich für zu behutsam; Langeron und Yorck zerren mich wieder zurück und halten mich für einen verwegenen Unbesonnenen. Glück! sei mir ferner hold!

Gneisenau. Ein Leben in Briefen. Hrsg. von Karl Griewank, 2., erw. Aufl., Leipzig 1939, S. 246-249

Brief August von Gneisenaus an seine Frau Ottilie:

Wetterwitz bei Leipzig, den 18. Oktober 1813

des Morgens 5 Uhr.

Ich schreibe dir am Morgen einer Schlacht, wie sie in der Weltgeschichte kaum gefochten ist. Wir haben den französischen Kaiser ganz umstellt. Diese Schlacht wird über das Schicksal von Europa entscheiden.

Schon vorgestern hat die Blüchersche Armee abermals einen herrlichen Sieg erfochten. Wir hatten das beste französische Armeekorps, das des Marschalls Marmont, dann noch das 4. und 7. Armeekorps, einen Teil der französischen Garden, und ein polnisches Korps gegen uns. Der Kampf war lang und hartnäckig; er kostete viel Blut. Wir warfen den Feind dennoch endlich aus seinen Stellungen heraus.

Die Tapferkeit der Truppen unterstützte auf das herrlichste unsere Anordnungen. Wir hatten uns in Bataillonsmassen aufgestellt. Das feindliche Geschütz wütete darin sehr. Unsere Landwehrbataillone taten herrlich. Wenn eine feindliche Kugel 10 bis 15 Mann darniederriß, riefen sie: Es lebe der König! und schlossen sich wieder in den Lücken über die Getöteten zusammen.

Das Schlachtfeld ist mit Toten und Verstümmelten bedeckt, wie selten. Gott lob! viel mehr Franzosen als der Unsrigen. Indessen ist unser Verlust ebenfalls groß. Das Yorcksche Korps allein hat 6.000 Mann verloren, ohne den Verlust der Russen zu rechnen.

Einige und vierzig Kanonen haben wir abermals erobert, und so viel Pulverwagen, daß wir das, was wir in der Schlacht verschossen, wieder haben ergänzen können.

August [Sohn Gneisenaus] war während der Affäre von Wartenburg am 3. dieses sehr böse gewesen, daß ich ihn bei dem Gefolge des Generals zurückgelassen hatte, obgleich er auch dort in der Gefechtlinie war. Ich erlaubte ihm daher mit der Kavallerie der Avantgarde vorzugehen und beim Nachhauen zu sein. Es kam damals zu nichts. Am Vorabend des vorgestrigen Schlachttages bat er mich bei der Kavallerie sein zu dürfen. Ich tat seinen Willen und sandte ihn zu dem tapferen Obersten v. Katzeler. Dort hat er drei Kavallerieangriffe mitgemacht. Der Oberste will ihn nun zu seinem Regimente haben und ihn zum Offiziere machen. In das letztere habe ich nicht gewilligt. Das erstere habe ich in Augusts Wahl gestellt. Noch weiß ich seinen Entschluß nicht.

Gott befohlen! Eine halbe Million Menschen stehen jetzt auf einem engen Raum zusammengedrängt, bereit sich wechselsweise zu vertilgen. Wenn nicht große Fehler begangen werden, so sind wir Sieger. Durch die Schritte, die unsere Armee getan hat, durch ihre kühnen Bewegungen, durch die Schlachten und Gefechte, die sie gewonnen und durch die Ratschläge, die von unserem Hauptquartier ausgegangen sind, hat selbige zur vorteilhaften Wendung des Krieges so ungemein viel beigetragen. Die Siege der anderen Armeen sind ohne Folgen geblieben, und nur die unsrigen haben auf den Gang der Begebenheiten gewirkt. Die Nachwelt wird erstaunen, wenn dereinst die geheime Geschichte dieses Krieges erscheinen kann.

Umarme die Kinder, und Gott nehme Euch in seinen Schutz.

N. v. Gneisenau

Gestern abermals hatten wir ein sehr schönes Gefecht mit unserer Kavallerie, wo wir dem Feinde Kanonen abnahmen und ihn in die Vorstädte von Leipzig warfen.

Nun fängt der Krieg in dem hiesigen schönen Landflecke zu wüten [an]. Wir kommen zwar in Häuser mit unserm Hauptquartier, haben aber darin fast keine Stühle noch Tische. Alles wird bei den Biwakfeuern verbrannt. Gestern holten die Russen aus dem mit Landhäuser angefüllten Gohlis die kostbarsten Meubles, um sich damit zu wärmen, darunter selbst kostbare Fortepianos.

Gneisenau. Ein Leben in Briefen, S. 259-261

Brief August von Gneisenaus an seine Frau Ottilie:

Leipzig, den 19. Oktober 1813

Die große Schlacht ist gewonnen, der Sieg ist entscheidend. Gestern kämpften die ungeheuern Massen gegeneinander. Ein Schauspiel, wie es seit Tausenden von Jahren nicht gegeben hat. Von einer Höhe konnte ich die jenseitige Armee übersehen; die unsrige focht diesseits. Viel Blut ist geflossen. Auf meilenlangen Strecken liegen die Toten und Verstümmelten. Wir drängten endlich die französische Armee in einem engen Raum dicht bei Leipzig zusammen. Die Nacht ließ endlich das Feuer aufhören. Heut früh griff ein Teil unserer (der schlesischen) Armee Leipzig an. Das preußische Korps unter General Yorck war bereits in der Nacht vorausmarschiert, um dem Feind auf seinem Rückzug zuvorzukommen. Unser Angriff auf Leipzig war sehr blutig. Nach vielen Stunden Arbeit erstürmten unsere Truppen die Stadt. Von allen Seiten begegneten sich die Truppen der verschiedenen Armeen. Der General Blücher und wir waren die ersten, die einzogen. Wir wurden von dem Freudengeschrei der Einwohner und von dem Hurrarufen der siegenden Truppen bewillkommt. Wir fanden eine Menge Gefangene, 20.000 Verwundete, noch viel mehr Kranke. Die Toten lagen überall umher. Eine Menge Geschütz ist erobert, fünfhundert Munitionswagen. Viele Generale sind in unsern

Händen. Zertrümmerte Häuser, umgeworfene Bagagewagen, Truppen aller Nationen. Es ist eine Verwirrung ohnegleichen. Eine Stunde später als wir zogen der Kaiser Alexander, der Kaiser Franz, unser König, die Prinzen und die Generalität aller Nationen ein, denn wir hatten mehrere gefangene Generale.

Alle Anstalten sind getroffen, um den Feind aufs lebhafteste zu verfolgen. Den Rest seiner Armee wollen wir vernichten.

So weit habe ich es endlich gebracht. Vieles habe ich zu dieser Wendung der Angelegenheiten beigetragen. Ich genieße jetzt die Belohnung für langjährige Sorgen und Mühen. August ist gesund. Umarme die Kinder. Gott mit Euch.

Gneisenau. Ein Leben in Briefen, S. 261 f.

Brief August von Gneisenaus an Marie von Clausewitz:

Freiburg an der Unstrut, den 23. Oktober 1813

Da, wo ich mit meiner Erzählung stehengeblieben bin [in einem Brief vom 7. Oktober 1813], wäre es uns beinahe betrübt ergangen. Der Fr[anzösische] Kaiser war mit seiner ganzen Macht gegen uns im Anzuge. Unser Hauptquartier war vor unseren Truppen gegen den Feind zu. Die Kosaken hatten einen Weg nicht beobachtet. Auf diesem kamen die Feinde ganz in die Nähe von Düben unbemerkt. Glücklicherweise hatten wir uns entschlossen, an die Saale zu gehen, und diesen Entschluß sogleich zur Ausführung gebracht. Die Truppen waren schon im Marsch. Wir aßen früher als gewöhnlich, setzten uns dann zu Pferde und folgten. Kaum hatten wir den Ort verlassen, so zogen Franzosen darin ein. Wir konnten leicht in Kriegsgefangenschaft geraten. Unser schneller Entschluß hatte uns diesmal gerettet.

Nun begannen unsere Kämpfe mit dem Kronprinzen [Bernadotte]. Er wollte nicht an den Feind. Dieser hatte Vorspiegelungen von Bewegungen gegen Berlin hin gemacht, und der Kronprinz ließ sich täuschen. Er wollte über die Elbe zurück und schickte uns den Befehl zu, mit ihm uns zu vereinigen und gleichfalls über die Elbe zu gehen. Er sagte uns die offizielle Lüge, der Kaiser Alexander habe uns unter seinen Befehl gestellt. Wir glaubten und gehorchten nicht. Wir näherten uns vielmehr von Halle aus Leipzig. Endlich entschloß er sich, uns nachzuziehen, und rettete sich dadurch von Infamie, die ihn sicherlich getroffen hätte, wenn er seinem Vorhaben getreu geblieben wäre.

Am 16. Oktober schlugen wir, die schlesische Armee, unsere schöne Schlacht bei Möckern; ich nenne sie schön, weil sich die Tapferkeit unserer Truppen so hoch darin bewährte. Um das Dorf Möckern ward blutig gestritten. Endlich ward solches behauptet und der Feind auf allen Punkten geworfen. Wir eroberten 54 Kanonen.

Am selbigen Tage war unsere große Armee angegriffen worden. Sie erlitt Unfälle, verlor Terrain, und nur mit Mühe wurde am Abend ein Teil der verlorenen Punkte wiedergewonnen, so daß man es dort eine unentschiedene Schlacht nennen konnte.

Am 17. standen die Armeen größtenteils einander ruhig gegenüber, zum neuen Kampf sich vorbereitend. Nur wir, die schlesische Armee allein, griffen mit einem Teil unserer Kavallerie und reitenden Artillerie den vor uns stehenden Feind an und warfen ihn über die Parthe hinüber.

Der Kronprinz von Schweden war unterdes, aller Zusagen ungeachtet, stets hinter uns, und zwar mehrere Meilen, geblieben, ohne Anteil an dem Kampf zu nehmen. Seine schöne Armee ward uns ganz unnütz.

Da machte sich am 18. des Morgens der alte Feldmarschall auf, um ihn auf seine Pflicht aufmerksam zu machen. Ich begleitete meinen Feldherrn nicht, weil ich schon zu sehr indigniert war. Der Prinz Wilhelm aber ritt mit ihm. Er machte den Dolmetscher, und zwar auf eine vortreffliche Art. Was da dem Prinzen gesagt ward, und zwar in starken Ausdrücken, tat Wirkung, und der Prinz marschierte.

An ihn schloß sich unser Korps von Langeron an. Dieses machte dort abermals den ersten Angriff, während der Kronprinz seine Schweden in vierter Linie aufstellte. Nun drangen unsere Armeen auf allen Punkten gegen den Feind vor und verengten den Umkreis. Das Schauspiel war einzig, eine halbe Million Streiter auf einem kleinen Raum sich bekämpfen zu sehen.

Wir griffen nun mit unserem sehr schwachen Sackenschen Korps die Vorstädte von Leipzig an; sie wurden genommen, wieder verloren und genommen. Der Kampf dauerte bis in die Nacht blutig fort; wir konnten nur einen Teil derselben behaupten. Das Yorcksche Korps, das von 19.000 M[ann] am 16. bis auf 12 700 zusammengeschmolzen war, hatte der Erholung nötig und nahm an diesem Tage nur wenig am Kampf teil.

Mit Eintritt der Nacht hatten unsere sämtlichen Armeen den Feind auf einen nur kleinen Raum zusammengedrängt. Man hörte Bagagen auf der Straße von Leipzig nach Weißenfels ziehen. Sofort ließen wir das Yorcksche Korps in der Nacht noch abmarschieren, um dem Feinde in seinem Rückzug schnell über Merseburg zu folgen.

Den 19. griff unser Sackensches Korps abermals Leipzig an. Der Kampf wurde hartnäckig und für uns sehr blutig. Wir mußten unsere fechtenden Truppen durch andere von unserem Langeronschen Korps unterstützen lassen. Auch diese verloren sehr viel. Gewässer deckten die Franzosen. Endlich rückte unser Bülowsches Korps von der anderen Seite an. Durch die Vorteile der Lage begünstigt, verteidigten sich die Feinde verzweifelt. Endlich drangen unsere Preußen durch. Wir mit ihnen zu gleichen Zeit. Da der Feldmarschall unweit des bestürmten Tores war, so zogen er und sein Hauptquartier zuerst als Sieger in die eroberte Stadt.

Wie soll ich Ihnen, verehrte Frau, meine Gefühle beschreiben, als wir von dem tobenden Hurrageschrei der siegenden Truppen und dem Freudengeschrei der Einwohner empfangen wurden. Lange Kolonnen von Kriegsgefangenen wurden uns vorgeführt, an ihrer Spitze zu Fuß die Generale Lauriston, Reynier, Bertrand usw. Eine Stunde später kamen der König und Kaiser Alexander, noch später der Kaiser Franz und die Generale aller Nationen.

Sie kennen die schönen Spaziergänge um Leipzig. Diese waren das Schlachtfeld des 19. Oktober. Dort war alles mit Toten, Verstümmelten, Trümmern, Geschützen, Munitionswagen und Gewehren bedeckt. Die Erde war mit Blut getränkt.

Das Bewunderungswürdigste war, daß der siegtrunkene Soldat in seinen Reihen geordnet stand und keine Plünderung vorfiel.

Wir eroberten über 200 Kanonen, 6[00]-700 Munitionswagen, vielleicht 60.000 Gewehre. Mehr als 40.000 Gefangene sind in unsern Händen, darunter 15.000 Gesunde. Es sind dieses Tage gewesen, wie sie die Geschichte nie gesehen hat. Die verbündeten Truppen haben zwischen 40[000]-50.000 Tote und Verwundete. Man kann den Verlust der streitenden Armeen zu 100.000 Mann annehmen an Toten und Verwundeten.

Seitdem haben wir, die schlesische Armee, den Feind verfolgt, ihm etwa 4.000 Gefangene abgenommen, 3[000]-4.000 gefangene Russen und Österreicher befreit, ihm Kanonen abgenommen. Alle Straßen sind mit Munitionswagen bedeckt, zum Teil zerstört. Bei Freiburg ließ der Feind über 400 Munitionswagen stehen oder vernichten.

Wie glücklich ich bin, können Sie ermessen. Es gibt kein beseligenderes Gefühl als Befriedigung einer solchen Nationalrache. Unaufhaltsam schreiten wir jetzt an den Rhein vor, um diesen vaterländischen Strom von seinen Fesseln zu befreien.

An Clausewitz habe ich sogleich in der ersten Verwirrung des Sieges aus Leipzig geschrieben, da dieser Brief aber etwas mehr als jener enthält, so bitte ich Sie, ihm solchen mitzuteilen.

An Ihre Hausgenossen meine herzlichsten Grüße. Die frommen vaterländischen Wünsche, womit sie mich begleiteten, haben ihre Wirkung getan; sie sind erhört. Gott sei mit Ihnen allen. Beglücken Sie mich ferner mit Ihrem Wohlwollen.

Geschlossen zu Groß-Neuhausen, unweit Erfurt und Weimar, den 24. Oktober 1813.

Gneisenau. Ein Leben in Briefen, S. 263-265

Bericht des Arztes Johann Christian Reil an den Freiherrn vom Stein über die Situation in den Lazaretten:

Leipzig, den 26. Oktober 1813

Ew. Exzellenz haben mich beauftragt, Ihnen einen Bericht über meinen Befund der Lazarette der verbündeten Armeen am diesseitigen Elbufer einzureichen. Ich tue dies um so williger, als in dieser tatenreichen Zeit auch die Untaten nicht für die Geschichte verloren gehen dürfen. Ich kam am 25. Oktober früh in Halle an, fand diesen von allen Seiten gepreßten Ort mit mehr als 7.000 Kranken überladen, und noch strömten immer neue vom Schlachtfeld bei Leipzig zu. Es würde ein ύστεςον πςοτεςον [Hysteron/Proteron] gewesen sein, wenn ich hier zu helfen hätte anfangen wollen. Ich ordnete dieserwegen für die Verwundeten an, was in diesem Augenblick das dringendste war, fand jeden Einwohner bereit, meine Vorschläge zur Hilfe der Unglücklichen ins Werk zu richten, und eilte dann Leipzig zu, um dessen Lazaretten, die wie ein Vulkan ihre Kranken nach allen Richtungen ausspien und alle guten Anordnungen in ihren Umgebungen wieder vernichteten, eine zweckmäßige Ableitung zu verschaffen.

Auf dem Wege dahin begegnete mir ein ununterbrochener Zug von Verwundeten, die wie die Kälber auf Schubkarren ohne Strohpolster zusammengeklumpt lagen und einzeln ihre zerschossenen Glieder, die nicht Raum genug auf diesem engen Fuhrwerk hatten, neben sich herschleppten. Noch an diesem Tage, also sieben Tage nach der ewig denkwürdigen Völkerschlacht, wurden Menschen vom Schlachtfelde eingebracht, deren unverwüstliches Leben nicht durch Verwundungen noch durch Nachtfröste und Hunger zerstörbar gewesen war. In Leipzig fand ich ohngefähr 20.000 verwundete und kranke Krieger von allen Nationen. Die zügelloseste Phantasie ist nicht imstande, sich ein Bild des Jammers in so grellen Farben auszumalen, als ich es hier in der Wirklichkeit vor mir fand. Das Panorama würde selbst der kräftigste Mensch nicht anzuschauen vermögen; daher gebe ich Ihnen nur einzelne Züge dieses schauderhaften Gemäldes, von welchem ich selbst Augenzeuge war und die ich daher verbürgen kann. Man hat unsere Verwundeten an Orte niedergelegt, die ich der Kaufmännin nicht für ihren kranken Möppel anbieten möchte. Sie liegen entweder in dumpfen Spelunken, in welchen selbst das Amphibienleben nicht Sauerstoffgas genug finden würde, oder in scheibenleeren Schulen und wölbischen Kirchen, in welchen die Kälte der Atmosphäre in dem Maße wächst, als ihre Verderbnis abnimmt, bis endlich einzelne Franzosen noch ganz ins Freie hinausgeschoben sind, wo der Himmel das Dach macht und Heulen und Zähneklappern herrscht. An dem einen Pol der Reihe tötet die Stickluft, an dem andern reibt der Frost die Kranken auf. Bei dem Mangel öffentlicher Gebäude hat man dennoch auch nicht ein einziges Bürgerhaus den gemeinen Soldaten zum Spitale eingeräumt. An jenen Orten liegen sie geschichtet wie die Heringe in ihren Tonnen, alle noch in den blutigen Gewändern, in welchen sie aus der heißen Schlacht hereingetragen sind. Unter 20.000 Verwundeten hat auch nicht ein einziger ein Hemde, Bettuch, Decke, Strohsack oder Bettstelle erhalten. Nicht allen, aber doch einzelnen hätte man geben können. Keiner Nation ist ein Vorzug eingeräumt, alle sind gleich elend beraten und dies ist das einzige, worüber die Soldaten sich nicht zu beklagen haben. Sie haben nicht einmal Lagerstroh, sondern die Stuben sind mit Heckerling aus den Biwaks ausgestreut, das nur für den Schein gelten kann. Alle Kranken mit zerbrochenen Armen und Beinen, und deren sind viele, denen man auf der nackten Erde keine Lage hat geben können, sind für die verbündeten Armeen verloren. Ein Teil derselben ist schon tot, der andere wird noch sterben.

Ihre Glieder sind, wie nach Vergiftungen, furchtbar aufgelaufen, brandig und liegen in allen Richtungen neben den Rümpfen. Daher der Kinnbackenkrampf in allen Ecken und Winkeln, der um so mehr wuchert, als

Hunger und Kälte seiner Hauptursache zu Hilfe kommen. Unvergeßlich bleibt mir eine Szene in der Bürgerschule. Ist es Ihr Geist! so rief mir eine Stimme entgegen, als ich die Tür eines Zimmers öffnete, oder sind Sie es selbst, den mir der Himmel zur Rettung zusendet? und doppelte Tränengüsse, vom Schmerz und Freude gefordert, rollten über das krampfhafte Gesicht herab. Es war ein Kaufmannssohn aus Preußen, der in der Schlacht bei Großbeeren verwundet, von mir im Spital des Frauenvereins geheilt und hier wieder im Schenkel verwundet war. Aber deine Hoffnung, armer Jüngling, ist eine leere Fulguration [ein Wetterleuchten]; Du hast einen Strohhalm in der wilden Brandung der Zeit gehascht, der dich gegen die Wellenschläge des Todes nicht schützen wird. Das Mark deiner Knochen ist abgestorben, deine Wunden atmen nicht mehr, und der Todesengel flattert schon um deine Schläfe herum, der dich in wenigen Stunden in eine bessere Welt hinüberführen wird. Viele sind noch gar nicht, andere werden nicht alle Tage verbunden. Die Binden sind zum Teil von grauer Leinwand, aus Dürrenberger Salzsäcken geschnitten, die die Haut mitnehmen, wo sie noch ganz ist. In einer Stube stand ein Korb mit rohen Dachschindeln zum Schienen der zerbrochenen Glieder. Viele Amputationen sind versäumt, andere werden von unberufenen Menschen gemacht, die kaum das Barbiermesser führen können und die Gelegenheit nützen, ihre ersten Ausflüge an den verwundeten Gliedern der Krieger zu versuchen. Einer Amputation sah ich mit zu, die mit stumpfen Messern gemacht wurde. Die braunrote Farbe der durchsägten Muskeln, die fast schon zu atmen aufgehört hatten, des Operierten nachmalige Lage und Pflege gaben mir wenig Hoffnung zu seiner Erhaltung. Doch hat er den Vorteil davon, daß er auf einem kürzeren Wege zu seinem Ziele kommt. An Wärtern fehlt es ganz. Verwundete, die nicht aufstehen können, müssen Kot und Urin unter sich gehen lassen und faulen in ihrem eigenen Unrat an. Für die gangbaren sind zwar offene Bütten ausgesetzt, die aber nach allen Seiten überströmen, weil sie nicht ausgetragen werden. In der Petrikirche stand eine solche Bütte neben einer andern ihr gleichen, die eben mit der Mittagssuppe hereingebracht war. Diese Nachbarschaft der Speisen und der Ausleerungen – muß notwendig einen Ekel erregen, den nur der grimmigste Hunger zu überwinden imstande ist. Das scheußlichste in dieser Art gab das Gewandhaus. Der Perron war mit einer Reihe solcher überströmenden Bütten besetzt, deren träger Inhalt sich langsam über die Treppen herabwälzte. Es war mir unmöglich, durch die Dünste dieser Kaskade zu dringen, die der Avernus nicht giftiger aushauchen kann, und den Eingang des Spitals von der Straße her zu forcieren. Ich fand einen anderen Weg zu demselben auf dem Hofe, kam in lange finstere Galerien, die mit mehr als 2.000 blessierten Franzosen garniert waren, welche durch ihr Geächze und ihre Ausflüsse die Luft für Ohr und Nase gleich unerträglich machten. Unter dieser Masse traf ich ohngefähr 20 Preußen begraben, die vor Freude außer sich waren, als sie wieder die Stimme eines Deutschen hörten, die sie nach der Schlacht nicht gehört hatten. Erlösen Sie uns aus diesem Pfuhl des Verderbens, riefen sie mir aus einem Munde entgegen, wo die physischen und psychischen Eindrücke uns in kurzem töten müssen! Ich versprach ihnen, daß ich sie noch den nämlichen Abend unter ihre Kameraden bringen würde. In der Petri-Kirche sah ich der Verteilung des Mittagsbrots zu. Die Fleischportion wog 2 bis 4, das Brot für den Tag ungefähr 3 bis 12 Lot. Die Suppe bestand aus Wasser, in welchem die Reiskörner gefischt werden mußten. Bier und Branntwein wurden hier gar nicht gegeben. An anderen Orten hatte er nur den Geruch des Fusels, enthielt kaum 10 % Alkohol, der nicht einmal durch die Epidermis eines Kosakenmagens dringen kann. Bei dieser Meßdiät, die kaum einen Südländer auf den Beinen halten kann, gehen unsere Nordischen Völker in kurzer Zeit verloren, verfallen in Nervenschwäche und schwinden wie Schatten dahin. Die Diät richtet sich nach dem Mann.

Der Russe speist seinen Cozuß mit Behaglichkeit, der Magen des Pommeraners findet an einem halben Dutzend Gerstenklöße seine gemessene Arbeit, wenn das Korinthenmännchen sich denselben an einem Zuckerbrot verdirbt, den es aus den Händen seiner Lais nippt. Ich schließe meinen Bericht mit dem gräßlichsten Schauspiel, das mir kalt durch die Glieder fuhr und meine ganze Fassung lähmte. Nämlich auf dem offenen Hof der Bürgerschule fand ich einen Berg, der aus Kehricht und Leichen meiner Landsleute bestand, die nackt lagen und von Hunden und Ratten angefressen wurden, als wenn sie Missetäter und Mordbrenner gewesen wären. So entheiligt man die Überreste der Helden, die dem Vaterland gefallen sind! Ob Schlaffheit, Indolenz oder böser Wille die Ursache des schauderhaften Loses ist, das meine Landsleute hier trifft, die für ihren König, das Vaterland und die Ehre der Deutschen Nation geblutet haben, mag ich nicht beurteilen. An anderen Orten (Berlin, Prag) ist ihr Schicksal gütiger gewesen, wo jedermann sich an ihr Lager drängte, auf welches ihr Kampf für die Unabhängigkeit sie niederwarf, Balsam in ihre Wunden goß, ihre Schmerzen linderte und durch Mitgefühl ihren

Mut stählte. Ich appelliere an Ew. Exzellenz Humanität, an Ihre Liebe zu meinem König und sein Volk, helfen Sie unseren Braven, helfen Sie bald, an jeder versäumten Minute klebt eine Blutschuld. Legen Sie ein Schock kranker Baschkiren in die Betten der Banquiersfrauen und geben Sie in jedes Krankenzimmer einen Kosaken mit, der für Aufrechterhaltung der Ordnung verantwortlich ist. Diese Maßregel, die gewiß Lust und Liebe zum Dinge macht, scheint mehr hart zu sein, als sie es wirklich ist. Der Kranke muß ins Bette und die Gesunden zu seiner Wartung vor demselben kommen. Wir bespötteln sonst in dem Tadel des Hottentotten, der sich ins Bette legt, wenn die Frau geboren hat, unsere eigene Inkonsequenz.

G. H. Pertz, Das Leben des Ministers Freiherrn vom Stein, 3. Bd.: 1812 bis 1814, Berlin 1851, S. 437-442

Der Leipziger Arzt und Schriftsteller Gottfried Wilhelm Becker über die Situation in der Stadt vom 19. bis 21. Oktober 1813:

Eine Menge herrlicher Gärten umgibt Leipzigs Vorstädte wie ein blühender Kranz. Umgibt? Nicht doch. Diesen Vorzug raubte ihm der 19. Oktober in einigen Stunden. Sie alle, alle waren bereits schon vorher von den Franzosen in Beschlag genommen worden, den Rückzug zu decken, die Sieger abzuhalten, je nachdem sie nach Westen, wohin der Rückzug ging oder nach Norden und Osten hin lagen, wo man die Alliierten erwartete. So mußte also der herrliche Löhrsche, Bosesche, Reichelsche, Richtersche Garten, berühmt in ganz Deutschland, die Zierde der Stadt, die Freude der Fremden wie der Bewohner, der Kampfplatz, die Bühne der mörderischsten Auftritte werden. Schon vorher hatten Wachtfeuer auf den schönen Rasenplätzen gelodert. Batterien standen dort. Infanteriekolonnen verbreiteten sich hier. Jetzt war der Augenblick gekommen, wo der Kampf in ihnen begann. Es mußte derselbe um so mörderischer werden, da diese Gärten meistensteils von der Parthe, teils von der Elster, der Pleiße umgeben sind, und also dort den wütendsten Angriff aufhalten sollten, hier im Gegenteil, was besonders vom Richterschen Garten gilt, den Rückzug zu decken bestimmt waren, indem man mehrere Notbrücken über die dahinter wegfließende Elster geschlagen hatte. Aus beiden Gründen kann man sich daher von der Verwüstung dieser Vergnügungsplätze keinen Begriff machen. Tote Pferde, Wagen, Kanonen, Blessierte, Tote versperrten den Weg, daß man kaum darüber hinwegkonnte. Im Löhrschen waren viele Bäume nieder- und andere zerschossen. Wir wendeten den 20. an, diese Verwüstungsszenen etwas näher zu betrachten, besonders da der Hauptschauplatz derselben mehr an die Gebäude grenzte, die in der Nacht ein Raub der Flamme geworden waren. So wie der kleine Kampf am 2. [Mai] auf demselben Platze nur, so sehr er uns erschütterte, eine Kleinigkeit, ein Vorspiel zu diesem großen, den wir damals nie geahnt hätten, gewesen war, so wie uns tags darauf, den 3. Mai, auch ein Feuerlärm erschreckte, der aber fast später als das schon gelöschte Feuer selbst bemerkt wurde, so sollte auch den furchtbaren Ereignissen am 19. eine Feuersbrunst folgen, die im Vergleich mit andern in andern Städten, welche dies als eine Frucht der Kriegsereignisse sahen, zwar klein, für Leipzig aber ungewöhnlich groß war. Der Ursachen, die dazu beitrugen, gab es mehrere. Einesteils unterließ man das Stürmen, um die zahllosen Truppen, die in und um die Stadt herum lagen, nicht in Alarm zu setzen.

Dann brach das Feuer mitten in der Nacht und auf einer Straße, längs dem aus der Elster abgeleiteten Mühlgraben gelegen, aus, die ihre Kommunikation mit der Hauptstraße allein mittelst mehrerer Brücken behauptet. Diese waren teils von den Franzosen, wahrscheinlich um ihre Flanke, die sonst leicht von einzelnen Plänklern, welche aus dem Rosental den Weg zu ihnen finden könnten, hätte angegriffen werden können, zu schützen, abgebrochen, teils mochte eine derselben, den toten Menschen und Pferden, welche im Wasser begraben lagen, nach zu urteilen, eingestürzt sein, genug es mußte eine derselben erst mit vieler, mit um so größerer Mühe notdürftig, um Hilfe zu leisten, hergestellt werden, da viele Russen längs der Hauptstraße biwakierten, denen das Feuer ziemlich gleichgültig schien, und deren Obere Mühe hatten, sie, gehörigen Raum zu machen, zu bewegen. Viele Bewohner waren geflohen. So vereinte sich also alles, um diese Feuersbrunst größer, als seit Jahren eine war, zu machen, besonders da es noch an helfenden Händen fehlte, und die gemeinen Russen am Löschen vielleicht wegen großer Ermattung oder Mangel an Kunde, wie es mit dem Feuer stand, keinen Anteil nahmen. Überhaupt hatte diese Straße am entsetzlichsten, sowie der Ranstädter Steinweg wieder unter allen Vorstädten am meisten gelitten. Es konnte dies nicht anders kommen, da hier das Ziel der Verfolgung sein sollte, da hier gleichsam dem großen, erfochtenen Sieg der Kranz aufgesetzt wurde und die Fliehenden keine weitere Rettung wußten, als die steinerne Brücke, die über die Elster am äußersten Tore führte, in die Luft zu sprengen. Da diese Maßregel nur kurz vorher gefaßt war – niemand beinahe hatte in der Stadt Kunde von ihr! – und also wenig Behutsamkeit dabei stattfand: so mußte der Ruin für die nahen Gebäude ringsherum allerdings unvermeidlich sein, und mit jammerndem Blick sah man, wie die schöne kleine Funkenburg auf das entsetzlichste ruiniert war. Viele französische hier einquartierte blessierte Offiziere verloren dabei das Leben. Gleiches Geschick hatten die benachbarten Häuser rechts und links. Große Quadern lagen auf dem Tanzsaale des ersten Gebäudes, von der Gewalt des Pulvers hinaufgeschleuderte Steine hatten die Balken mitten durch zerschmettert, die ganze Gegend ringsherum, rechts und links, namentlich auch der Richtersche oder Herrmannsche Garten, von der Elster hinten, von der Pleiße nach der Stadt zu bespühlt, der Juniussche Garten waren ein Schauplatz der Verwüstung, wie sie in Leipzig nie gesehen wurde. Was noch das Pulver, das Schwert, das Feuer verschont hatte, war eine Beute raubgieriger Marodeure geworden, die diese Gegend vorzugsweise ersehen hatten, vom Rosental her hereingedrungen waren, und mehr als die gutmütigen Preußen das Recht des Sieges, wie es vordem war, wenn er in eine eroberte Stadt eindrang, in der ersten Hitze geltend zu machen suchten. Das Jakobspital, ein Zufluchtsort Alter, Kranker seit zwei Jahrhunderten, wurde hier auf eine Art beunruhigt – nachdem es allen Stürmen der Zeit bisher entgangen ist –, welche um so trauriger war, da dieser Sitz der Leiden dem unglücklichen verarmten Bürger nie nötiger wurde, als jetzt.

Wenn auch das Feuer am frühen Morgen gleichsam den Reigen der Schrecknisse, die jeden Tag bisher bezeichnet hatten, zu schließen schien, so war es damit doch noch keineswegs abgetan. Auch am hohen Mittag drohte die Unvorsichtigkeit eines Soldaten, der in eine Patronentasche schoß, die zu einem Hauptlazarette umgewandelte schöne Thomaskirche in einen Aschenhaufen zu verwandeln. Das Feuer hätte wenigsten bei dem vielen Stroh darin tödlich für die Verstümmelten werden können, denen jede Bewegung unmöglich war. Es ist vor der Haupttür dieser Kirche ein hölzerner Verschlag, in welchem die Leichen bis zum Transport auf den Kirchhof hineingelegt werden, und jetzt war es ein schrecklicher Anblick, viele, viele Halblebende über den Berg ihrer verschiedenen Kameraden, die darin aufgetürmt lagen, hinwegklettern zu sehen, um das elende Leben für einige Tage noch retten zu können. Zum Glück waren einige besonnen genug gewesen, mit nassen Tüchern die Flammen im Entstehen zu ersticken.

Überhaupt gehörte der 20. Oktober noch zu den schrecklichsten Tagen, die Leipzig je sah, insofern in dieser kleinen Stadt, nachdem das ganze französische Heer fast acht volle Tage alles in ihr aufgezehrt hatte, ringsherum alles verheert war, das noch ungleich größere der Verbündeten Nahrung finden wollte. Die Hauptquartiere der Monarchen waren beisammen. Die Zahl der hohen Offiziere stieg in viele Hunderte, die der niedern war kaum zu berechnen. Und kein Brot, kaum Fleisch, von den Truppen herbeigeführt, keinen Branntwein, kein Bier! Selbst auf manchen den ersten Kaffeehäusern war dessen nicht mehr zu finden. Das wenig geachtete Stadtbier gehörte an ihm, wie in den nächsten Tagen zu den größten Seltenheiten, da es unmöglich war, aus Mangel an Gerste, an Zeit, das Malz zu schroten, zu brauen. Alle die Dörfer, die den Biervorrat nach Leipzig liefern, waren verbrannt, oder schon ihre Keller geleert! Daß aus Mangel an Lebensmitteln unter den gemeinen Kriegern, die für alles Geld nichts erhalten konnten, wenigstens in Hinsicht der Preußen und Schweden, welche die innere Stadt Leipzig vorzugsweise besetzt hielten, gar keine, keine Exzesse entstanden sind, beweist allein den hohen Grad ihrer Kultur, ihrer Mäßigkeit und verdient den lautesten Dank unserer Stadt, der Nachwelt zum ewigen Gedächtnisse aufbewahrt zu werden ...

Den 21. kehrte ein wenig mehr Ruhe wieder. Manche Krieger aus Preußen kamen nun schon, die augenblickliche Erholung benutzend, ihre alten Freunde und Bekannten aufzusuchen. Einige Lebensmittel und andere fast unentbehrliche Bedürfnisse, Salz, Branntwein, wurden von Marketendern, weit hergekommenen Landleuten, wenn auch in enormen Preisen, verkauft. Man gab für ein Nösel Salz, sonst 8 Pfennige wert, 3 Groschen, für ein Stück Butter 8-10 Groschen, für ein Gläschen Branntwein 4 Groschen. Doch schon die Gewißheit, allmählich wieder etwas erhalten zu können, erheiterte. Die Polizei konnte doch nun Ruhe genug finden, an das Begraben der entfernten Toten, die Aufnahme der Blessierten zu denken. Jedes Haus mußte zu diesem Behuf einen Mann stellen, der unter der Aufsicht der Bürgergarde arbeitete. Den 22. fand man schon in der Gegend dicht um die Stadt herum verhältnismäßig nur wenig der Leichen, der Verwundeten, die hier fünf Tage hintereinander aufgetürmt waren. In den Dörfern lagen freilich noch am 25. viele Blessierte.

Friedrich Schulze (Hrsg.), 1813-1815. Die deutschen Befreiungskriege in zeitgenössischer Schilderung, Leipzig 1912, S. 170-173

XIX. Kleines Lexikon der Befreiungskriege

Adjutant
Offizier, der einem Kommandeur (vom Bataillon aufwärts) als Gehilfe zugeteilt war. Spezielle Aufgaben der Adjutanten waren die Führung des Schriftverkehrs und die Überbringung von Befehlen. In Generalsstellungen befindliche Adjutanten von Monarchen wurden Generaladjutant genannt.

Alexander I. Pawlowitsch (1772-1825)
Zar von Rußland. Mußte sich nach der Niederlage von 1807 mit Napoleon arrangieren. Nach dem Sieg von 1812 entschloß er sich, den Krieg bis zum Sturz Napoleons fortzusetzen. Griff während der Völkerschlacht wiederholt in die Kommandogewalt des Oberbefehlshabers Schwarzenberg ein. Wurde als Befreier Europas gefeiert.

Araktschejew, Alexej Andrejewitsch (1769-1834)
Russischer General. 1808-1810 Kriegsminister. Günstling des Zaren Alexander I.

Arndt, Ernst Moritz (1769-1860)
Schriftsteller. 1812-1816 Mitarbeiter des Freiherrn vom Stein. Bekämpfte mit Streitschriften und Gedichten, in denen er sich einer kraftvollen eingängigen Sprache bediente, die napoleonische Fremdherrschaft. Schürte dabei auch undifferenzierten Haß gegen das französische Volk. 1818 in Bonn zum Professor der Geschichte berufen, 1820 im Zuge der »Demagogenverfolgungen« suspendiert, erst 1840 rehabilitiert.

Artillerie
Hauptwaffengattung der Landstreitkräfte, die mit glatten Vorderladergeschützen (Kanonen, Haubitzen und Mörsern) ausgerüstet war. Das Kaliber der Geschütze wurde nach dem Gewicht der eisernen Vollkugeln bestimmt (6-Pfünder, 12-Pfünder usw.).

D'Auvray, Friedrich
Russischer General deutscher Herkunft. 1812 und 1813 Stabschef des Generals Sayn-Wittgenstein.

Bajonett
Stichwaffe der Infanterie, die zur Verteidigung gegen gegnerische Kavallerie und zum Nahkampf diente. Um 1800 wurde das Bajonett nicht wie in späterer Zeit erst zum Gefecht aufgesetzt (»aufgepflanzt«), sondern war fest am Gewehr angebracht.

Barclay de Tolly, Michail Bogdanowitsch (1761-1818)
Russischer Feldmarschall. Die Vorfahren B.s stammten aus Schottland. 1810 bis 1812 Kriegsminister. Nach der Schlacht bei Bautzen wurde B. zum Oberbefehlshaber der russischen Truppen ernannt. Am 18. Oktober 1813 führte er die Kolonne der Verbündeten, die Napoleons Bollwerk Probstheida angriff. 1815 ernannte Zar Alexander I. B. zum Fürsten.

Batterie
Feste oder zeitweilige Zusammenfassung mehrerer Geschütze (4-8). Gleichzeitig kleinste taktische Einheit der Artillerie.

Beauharnais, Eugène de (1781-1824)
Stiefsohn Napoleons I. 1805-1814 Vizekönig von Italien. Kommandierte im Rußlandfeldzug 1812 ein Korps der »Großen Armee«. Von Januar bis April 1813 Oberbefehlshaber der französischen Truppen in Deutschland. Seit 1817 Herzog von Leuchtenberg und Fürst von Eichstätt.

Bennigsen, Levin August Theophil Graf von (1745-1826)
Russischer General. In Braunschweig geboren. 1812 Generalstabschef Kutusows. Befehligte 1813 die in Polen formierte Russische Reservearmee, kommandierte am 18. Oktober 1813 eine der Angriffskolonnen der Verbündeten.

Bernadotte, Jean Baptiste Jules (1763-1844)
Französischer Marschall. Überwarf sich mit Napoleon und nahm 1809 seinen Abschied. Wurde 1810 vom schwedischen König Karl XIII. adoptiert und nannte sich seitdem Karl Johann. Befehligte 1813/14 die Nordarmee der Verbündeten. Seit 1818 als Karl XIV. König von Schweden.

Berthier, Alexandre (1753-1815)
Französischer Marschall. Generalstabschef. Von Napoleon zum Herzog von Neufchâtel und Fürsten von Wagram ernannt. Beging Selbstmord.

Bertrand, Henri Gratien (1773-1844)
Französischer General. Von Napoleon zum Grafen erhoben. Sicherte während der Völkerschlacht die Rückzugsstraße der französischen Armee nach Westen. Begleitete Napoleon zusammen mit seiner Familie in die Verbannung nach St. Helena.

Blücher, Gebhard Leberecht von (1742-1819)
Preußischer General, befehligte 1813/14 die aus russischen und preußischen Truppen bestehende Schlesische Armee und 1815 die preußische Operationsarmee am Rhein, 1813 zum Generaldfeldmarschall befördert, 1814 als »Blücher von Wahlstatt« in den Fürstenstand erhoben.

Boyen, Leopold Hermann Ludwig von (1771-1848)
Preußischer General. Mitglied der von Scharnhorst geleiteten Militär-Reorganisationskommission. Im Herbstfeldzug 1813 Generalstabschef des preußischen III. Armeekorps. 1814-1819 und 1841-1847 Kriegsminister.

Bubna von Littiz, Ferdinand Graf (1768-1825)
Österreichischer General. Befehligte während der Völkerschlacht eine Division.

Clausewitz, Carl von (1780-1831)
Preußischer General und Kriegstheoretiker. Mitarbeiter von Scharnhorst in der Militär-Reorganisationskommission. Trat 1812 zur russischen Armee über. 1815 Stabschef des preußischen III. Armeekorps. 1818-1830 Verwaltungsdirektor der Allgemeinen Kriegsschule in Berlin. Nach seinem Tod erschien sein bedeutendes Werk »Vom Kriege«.

Bülow, Friedrich Wilhelm von (1755-1816)
Preußischer General. Befehligte im Herbstfeldzug 1813 das preußische III. Armeekorps, das der Nordarmee der Verbündeten zugeteilt war. Siegte bei Großbeeren und Dennewitz. 1814 als »Bülow von Dennewitz« in den Grafenstand erhoben. In der Schlacht bei Waterloo 1815 befehligte er das preußische IV. Armeekorps.

Colloredo-Mansfeld, Hieronymus Graf von (1775-1822)
Österreicherischer General. Befehligte in der Völkerschlacht die 1. Armeeabteilung.

Davout, Louis Nicolas (1770-1823)
Französischer Marschall. Besiegte 1806 bei Auerstedt die preußische Hauptarmee. Von Napoleon zum Herzog von Auerstedt und Fürsten von Eckmühl ernannt. 1812/13 Befehlshaber von Korps, 1813/14 Generalgouverneur von Hamburg, 1815 Kriegsminister.

Dennewitz
Ort östlich von Wittenberg. Am 6. September 1813 Schlacht, in der die napoleonische Berlin-Armee von der Nordarmee der Verbündeten geschlagen wurde.

Diebitsch, Johann Karl Friedrich Anton von (1785-1831)
Russischer General deutscher Herkunft. Schloß mit dem preußischen General Yorck die Konvention von Tauroggen. Während der Völkerschlacht Berater des Zaren Alexander I. Erhielt nach seinen Siegen im Türkischen Feldzug von 1828/29 den Beinamen »Sabalkanski«.

Division
Truppeneinheit, die zumeist die drei Hauptwaffengattungen Infanterie, Kavallerie und Artillerie umfaßte. Ihre durchschnittliche Stärke betrug 10.000 Mann. Es gab auch Divisionen, die nur aus Infanterie oder Kavallerie bestanden. In der preußischen Armee gab es während der Befreiungskriege keine Divisionen, sondern gemischte Brigaden mit einer Stärke von 8.000 Mann.

Dresden
Am 27. August 1813 Schlacht, in der die Hauptarmee der Verbündeten eine verlustreiche Niederlage erlitt.

Durutte, François Joseph (1767-1827)
Französischer General. Befehligte 1813 eine aus Strafregimentern bestehende Division.

Eugen von Württemberg (1788-1857)
Russischer General, Cousin des Zaren Alexander I., zeichnete sich in der Schlacht bei Kulm und während der Völkerschlacht aus.

Franz I. (1769-1835)
Österreichischer Kaiser. F. regierte seit 1792 als römisch-deutscher Kaiser und nannte sich zu dieser Zeit Franz II. 1804 nahm er den Titel eines Kaisers von Österreich an und nannte sich seitdem Franz I. Er berief 1809 Metternich zum Außenminister und ließ sich fortan in seiner Politik bereitwillig von diesem leiten.

Freikorps
Irreguläre Truppeneinheit von unterschiedlicher Stärke, zumeist aus Freiwilligen bestehend.

Friedrich August I. (1750-1827)
König von Sachsen. Hielt 1813 an der Allianz mit Napoleon fest, wurde am Ende der Völkerschlacht gefangengenommen und erst 1815 wieder eingesetzt.

Friedrich Wilhelm III. (1770-1840)
König von Preußen. Berief nach der Niederlage von 1806/07 die Reformer Stein und Scharnhorst, unterstützte im Befreiungskrieg 1813/14 die politischen Intentionen des Zaren Alexander I.

Freiwillige Jäger
Freiwilligeneinheiten zu Fuß und zu Pferde, die seit Februar 1813 in Preußen gebildet wurden. Ihre Angehörigen, die in der Regel aus den besitzenden Schichten stammten, mußten sich auf eigene Kosten ausrüsten. Viele von ihnen stiegen später zu Offizieren auf.

Garde
In Rußland und Preußen Truppenteile, die in der Residenz stationiert waren und ein aristokratisches Offizierskorps besaßen. Im französischen Kaiserreich Truppenteile, die aus besonders bewährten Soldaten bestanden und in der Schlacht dann eingesetzt wurden, wenn die Entscheidung bevorstand. Zur Alten Garde in Stärke eines Korps kam später die Junge Garde hinzu.

Generale
Bezeichnung für die höchste Gruppe der Offiziersränge. Im preußischen Heer gab es die Ränge Generalmajor, Generalleutnant, General der In-

fanterie oder Kavallerie, Generalfeldmarschall. Die Ränge in der französischen Armee hießen Brigadegeneral, Divisionsgeneral, Kommandierender General (»Général en chef«), Marschall von Frankreich.

Generalquartiermeister
Ein höherer Offizier, der neben dem Generalstabschef für besondere Aufgaben zuständig war.

Gneisenau, August Wilhelm Anton Neidhardt von (1760-1831)
Preußischer General. Verteidigte 1807 erfolgreich die Festung Kolberg. Bei der Heeresreform seit 1807 engster Mitarbeiter Scharnhorsts, 1813/14 Stabschef der Schlesischen Armee, 1814 zum Grafen erhoben, 1815/16 Kommandierender General in Koblenz.

Göhrde
Landschaft in Niedersachsen. Am 16. September 1813 Gefecht, in dem eine französische Division vom Korps Wallmoden der Verbündeten geschlagen wurde.

Gortschakow, Alexander (1764-1825)
Russischer General. Befehligte in der Völkerschlacht ein Korps.

Gouvion, Laurent (1764-1830)
Französischer Marschall. Befehligte 1813 ein Korps, mit dem er am 11. November in Dresden kapitulieren mußte. Wurde von König Ludwig XVIII. zum Marquis de Saint-Cyr ernannt. 1815 und 1817-1819 Kriegsminister.

Grawert, Julius August Reinhold von (1746-1821)
Preußischer General. Befehligte 1806 in der Schlacht bei Jena eine Division. 1812 auf ausdrücklichen Wunsch Napoleons zum Kommandeur der Truppen ernannt, mit denen Preußen sich am Rußlandfeldzug beteiligen mußte. Im August 1812 krankheitshalber abgelöst.

Grenadiere
Die ursprüngliche Aufgabe der Grenadiere war, Handgranaten gegen den Feind zu schleudern. Diese Kampfform erlangte im 17. und 18. Jahrhundert nie große Bedeutung. In den Armeen der Befreiungskriege bestanden Grenadierformationen, die innerhalb der Infanterie eine Elite darstellten.

Grolman, Karl Wilhelm von (1777-1843)
Preußischer General. Mitglied der von Scharnhorst geleiteten Militär-Reorganisationskommission. Kämpfte seit 1810 in Spanien gegen Napoleon. Im Herbstfeldzug 1813 Stabschef des preußischen II. Armeekorps, 1814-1819 Generalstabschef.

Großbeeren
Ort südlich von Berlin. Am 23. August 1813 Schlacht, in der die napoleonische Berlin-Armee von der Nordarmee der Verbündeten geschlagen wurde.

Große Armee (Grande Armée)
Seit 1805 Bezeichnung für den Teil der französischen Armee, der unter dem unmittelbaren Kommando Napoleons stand. Nach der Völkerschlacht wurde die Bezeichnung nicht mehr verwendet.

Großgörschen
Ort südwestlich von Leipzig. Am 2. Mai 1813 Schlacht, in der Napoleon die Hauptarmee der Verbündeten besiegte.

Gyulai, Ignaz Graf von Marós-Nemeth und Nádaska (1763-1831)
Österreichischer General. Befehligte in der Völkerschlacht eine Armeeabteilung.

Hanau
Ort am Kinzig/Main. Hier versuchte der bayerische General Wrede am 30./31. Oktober 1813 vergeblich, den Resten der Großen Armee Napoleons den Rückzugsweg zu verlegen.

Hardenberg, Karl August von (1750-1822)
Preußischer Staatsmann, 1804-1806 Außenminister, seit 1810 Staatskanzler, 1814 zum Fürsten erhoben.

Hauptarmee
Die H., auch Böhmische Armee genannt, wurde im Spätsommer 1813 aus österreichischen, russischen und preußischen Truppen formiert und umfaßte die Hauptkräfte der Verbündeten. Ihr Befehlshaber war der österreichische Feldmarschall Schwarzenberg.

Hessen-Homburg, Ferdinand Heinrich Friedrich von (1783-1866)
Österreichischer General, kommandierte in der Völkerschlacht am 18. Oktober eine der Angriffskolonnen der Verbündeten und wurde schwer verwundet, seit 1848 Landgraf von Hessen-Homburg.

Horn, Heinrich Wilhelm von (1762-1829)
Preußischer General. Kommandierte 1812-1814 eine Brigade des Yorckschen Korps.

Husaren
Im 18. und 19. Jahrhundert bestanden in fast allen europäischen Staaten Husarenregimenter, die nach ungarischem Vorbild uniformiert waren. Typisch für die Husaren war der Dolman (später »Attila« genannt), eine mit Schüren besetzte Jacke. Die Husaren waren eine leichte Kavallerie, die vor allem zur Aufklärung und Sicherung eingesetzt wurde.

Infanterie
Auch als Fußtruppen bezeichnete wichtigste Hauptwaffengattung der Landstreitkräfte. Die schwere Infanterie führte in der Schlacht das Feuergefecht in Bataillonslinie und griff in Bataillonskolonne mit dem Bajonett an. Die leichte Infanterie (Jäger, Füsiliere) führte das zerstreute Feuergefecht und den Kleinkrieg. Die schwere Infanterie war mit glatten Steinschloßgewehren bewaffnet, die leichte zumeist mit gezogenen Büchsen.

Innere Linie
Eine Operationslinie, die es einer Armee gestattet, von einer zentralen Position aus mit überlegenen Kräften Schläge gegen einen Gegner zu führen, der auf der äußeren Linie steht und in zwei oder mehr Gruppen geteilt ist.

Jérôme Bonaparte (1784-1860)
Bruder Napoleons I. 1807-1813 König von Westphalen.

Jomini, Henri Antoine Baron de (1779-1869)
Französischer General und Militärschriftsteller. Trat im August 1813 zur russischen Armee über und beriet fortan den Zaren Alexander I.

Joseph Bonaparte (1768-1844)
Bruder Napoleons I. 1806-1808 König von Neapel, 1808-1813 König von Spanien.

Karree
Eine Gefechtsform der Infanterie zur Abwehr von Kavallerieangriffen. Der Infanterieverband bildete eine viereckige nach allen Seiten geschlossene Front. Man unterschied volle und hohle Karrees. Das hohle Karree diente der Aufnahme von berittenen Offizieren, Verwundeten und Bagage.

Kartätsche
Dünnwandiges Artilleriegeschoß, das mit Gewehrkugeln oder Eisensplittern gefüllt war. Beim Abfeuern zerlegte das Geschoß sich und entfaltete eine Streuwirkung. Kartätschen konnten nur auf kurze Entfernung eingesetzt werden. Gegen große Ziele (Karrees, Infanterielinien, Kavallerieformationen) konnten sie verheerend wirken.

Katzbach
Fluß in Schlesien. An der K. errang die Schlesische Armee am 26. August 1813 einen vollständigen Sieg über die französische Bober-Armee.

Kavallerie
Die berittene Hauptwaffengattung der Landstreitkräfte. Man unterschied schwere Kavallerie (Kürassiere, Ulanen, Dragoner), die in geschlossener Ordnung mit der blanken Waffe kämpfte und leichte Kavallerie (Husaren, Kosaken), die vor allem zur Aufklärung, zur Verfolgung und als Streifschar eingesetzt wurde.

Kitzen
Ort südwestlich von Leipzig. Hier wurde das Freikorps Lützow am 17. Juni 1813 während des Waffenstillstandes von französischen und württembergischen Truppen überfallen.

Kleist, Friedrich Heinrich Ferdinand Emil (1762-1823)
Preußischer General. Befehligte im Herbstfeldzug 1813 das preußische II. Armeekorps, das der Hauptarmee der Verbündeten zugeteilt war. Wegen seiner Verdienste in der Schlacht bei Kulm und Nollendorf als K. von Nollendorf in den Grafenstand erhoben.

Klenau, Johann Graf (1758-1819)
Österreichischer General. Befehligte in der Völkerschlacht eine Armeeabteilung.

Knesebeck, Karl Friedrich Freiherr von dem (1768-1848)
Preußischer General. 1813 Generaladjutant des Königs Friedrich Wilhelm III., auf den er großen Einfluß ausübte.

Körner, Karl Theodor (1791-1813)
Dichter. K. stammte aus Dresden und trat im März 1813 in das Lützowsche Freikorps ein, dem er das Lied »Lützows wilde, verwegene Jagd« widmete. Er fiel am 26. August 1813 im Gefecht bei Gadebusch. Nach seinem Tode wurden seine patriotischen Gedichte in dem Band »Leier und Schwert« veröffentlicht.

Konstantin Pawlowitsch (1779-1831)
Großfürst von Rußland, Bruder des Zaren Alexander I. Befehligte während der Völkerschlacht die russische und preußische Garde.

Korps
Für die Feldzüge seit 1805 formierte Napoleon jeweils mehrere Korps (Armeekorps). Sie umfaßten 2-3 Infanteriedivisionen, 1-2 Kavalleriebrigaden und die Korpsartillerie. Ihre Personalstärke lag zwischen 18.000 und 29.000 Mann. Während der Befreiungskriege wurden auch in der preußischen Armee Korps gebildet. Seit 1816 bestanden sie auch in Friedenszeiten.

Kosaken
Reguläre leichte Kavallerie der russischen Armee.

Kulm
Ort im nördlichen Böhmen. In der Schlacht bei K. am 29./30. August 1813 zerschlugen Truppen der Verbündeten das Korps des französischen Generals Vandamme.

Kutusow, Michail Illarionowitsch (1745-1813)
Russischer Feldmarschall. Im August 1812 zum Oberkommandierenden der russischen Armee ernannt. Wollte nach dem Sieg über Napoleon den

Krieg eigentlich nicht jenseits der russischen Landesgrenzen fortsetzen. Wurde im März 1813 kurz vor seinem Tod noch Oberbefehlshaber der vereinigten russischen und preußischen Armee.

Landsturm
Ein Edikt vom 10. April 1813 sah in Preußen die Errichtung eines Landsturms vor. Im Falle, daß der Feind ins Land eindringen würde, sollten alle Männer zwischen 16 und 60 Jahren, die nicht dem stehenden Heer oder der Landwehr angehörten, einen Guerillakrieg führen. Auf Betreiben konservativer Kräfte wurde das Edikt bereits im Sommer 1813 faktisch aufgehoben.

Landwehr
Die Verordnung zur Bildung der Landwehr erging in Preußen am 17. März 1813. Sie sah vor, daß alle Männer zwischen 17 und 40 Jahren, die nicht im stehenden Heer dienten, zur Landwehr einberufen werden konnten. Ausbildung und Bewaffnung der Landwehr gestalteten sich als schwierig, doch im Herbst 1813 konnte sie mit 120.000 Mann in den Kampf eingreifen.

Langenau, Friedrich Karl Gustav Freiherr von (1782-1840)
Österreichischer General. Trat Ende Juni 1813 aus dem sächsischen Militärdienst in den österreichischen über und wurde Generalquartiermeister unter dem Oberbefehlshaber Schwarzenberg.

Langeron, Andrault Louis Alexandre Graf (1763-1831)
Russischer General französischer Herkunft. Befehligte 1813/14 ein Armeekorps.

Liebertwolkwitz
Dorf südöstlich von Leipzig. Hier kam es am 14. Oktober 1813 zu einem Erkundungsgefecht zwischen napoleonischen Truppen unter dem Kommando des Marschalls Murat und Teilen der Hauptarmee der Verbündeten.

Lützow, Adolf Freiherr von (1782-1834)
1813/14 Führer eines preußischen Freikorps. 1809 am Rebellenzug Schills beteiligt. Bildete im Frühjahr 1813 ein Freikorps, dessen Angehörige zu-

meist nicht aus Preußen stammten. Führte Kleinkrieg im gegnerischen Hinterland. Konnte im Juni 1813 beim Überfall von Kitzen entkommen. Im Herbstfeldzug dem Korps Wallmoden zugeteilt. 1822 zum Generalmajor befördert.

Macdonald, Etienne Jacques Joseph Alexandre (1765-1840)
Französischer Marschall.1809 von Napoleon zum Herzog von Tarent ernannt. Befehligte im Rußlandfeldzug 1812 das Armeekorps, zu dem die preußischen Truppen unter Yorck gehörten. Im August 1813 in der Schlacht an der Katzbach geschlagen. Schloß sich 1815 nicht Napoleon an.

Marmont, Auguste Frédéric Louis Viesse de (1774-1852)
Französischer Marschall. 1809 von Napoleon zum Herzog von Ragusa ernannt. 1813 in der Schlacht bei Möckern geschlagen. Schloß sich 1815 nicht Napoleon an.

Marschall von Frankreich
Höchster Rang in der französischen Armee. 1185 zum ersten Male verliehen, 1804 von Napoleon neu geschaffen.

Merveldt, Maximilian Graf von (1764-1815)
Österreichischer General. Befehligte während der Völkerschlacht die österreichische 2. Armeeabteilung. Geriet am 16. Oktober in französische Gefangenschaft.

Metternich, Klemens Nepomuk Lothar Fürst von M.-Winneburg (1773-1859)
Österreichischer Staatsmann. Wurde 1809 zum Außenminister berufen und leitete seitdem, obwohl er erst 1821 auch noch zum Hof- und Staatskanzler ernannt wurde, de facto die Politik des Kaiserreichs Österreich. Er schloß sich im Juni 1813 der Koalition gegen Napoleon an. Damit verschob sich das Kräfteverhältnis zugunsten der Verbündeten, gleichzeitig verringerte sich der Einfluß der patriotischen Kräfte Preußens. Nach dem Sieg über Napoleon war M. die treibende Kraft der Restaurationspolitik in Deutschland und Europa.

Milhaud, Jean Baptiste (1766-1833)
Französischer General. Befehligte in der Völkerschlacht ein Kavalleriekorps.

Möckern
1813 Dorf nordöstlich von Leipzig. Hier zerschlug am 16. Oktober das preußische Yorksche Korps das Korps des Marschalls Marmont.

Moreau, Jean Victor (1763-1813)
Französischer General. Wurde nach Auseinandersetzungen mit Napoleon verhaftet und emigrierte 1804 nach Amerika. 1813 folgte er einem Angebot des Zaren Alexander I., dessen militärischer Berater zu werden. Wurde in der Schlacht bei Dresden tödlich verwundet.

Mortier, Edouard Adolphe Casimir Joseph (1768-1835)
Französischer Marschall. Von Napoleon zum Herzog von Treviso ernannt. Kommandierte in der Völkerschlacht die Junge Garde.

Müffling, Karl Friedrich Freiherr von (1775-1851)
Preußischer General. Der konservativ gesinnte M. wurde 1813 entgegen dem Wunsch Gneisenaus zum Generalquartiermeister der Schlesischen Armee ernannt. 1821-1829 Generalstabschef.

Murat, Joachim (1767-1815)
Französischer Marschall. Leitete nach der Schlacht bei Jena 1806 die Verfolgung der besiegten Preußen. 1808 von Napoleon zum König von Nepal ernannt. Befehligte während der Völkerschlacht den rechten Flügel des französischen Heeres. Trennte sich 1814 von Napoleon und schloß sich ihm 1815 wieder an. Auf Befehl Ferdinands I. erschossen.

Ney, Michel (1769-1815)
Französischer Marschall. Von Napoleon 1805 zum Herzog von Elchingen und 1812 zum Fürsten von der Moskwa ernannt. Befehligte während der Völkerschlacht den linken Flügel des französischen Heeres. Schloß sich 1815 Napoleon an und wurde deshalb später standrechtlich erschossen.

Napoleon I. (1769-1821)
1804-1814 und 1815 Kaiser der Franzosen, 1805-1814 König von Italien, 1814/15 souveräner Fürst von Elba.

Nordarmee
Im Frühherbst 1813 formierte Armee der Verbündeten, die preußische, russische und schwedische Truppen umfaßte. Sie stand über dem Kommando von Bernadotte.

Normann-Ehrenfels, Karl Friedrich Graf von (1784-1822)
Württembergischer General. Im Juni 1813 am Überfall auf das Freikorps Lützow bei Kitzen beteiligt. Trat während der Völkerschlacht mit seiner Reiterbrigade zu den Verbündeten über.

Ompteda, Ludwig Georg von (1767-1854)
Hannoverscher Staatsmann. 1812/13 geheimer britischer Beauftragter in Berlin.

Osten-Sacken, Fabian Gottlieb von der (1752-1837)
Russischer General baltendeutscher Herkunft. Befehligte 1813/14 ein Korps der Schlesischen Armee.

Oudinot, Charles Nicolas (1767-1843)
Französischer Marschall. Von Napoleon zum Herzog von Reggio ernannt. Befehligte im Herbst 1813 die französische Berlin-Armee, während der Völkerschlacht zwei Divisionen der Jungen Garde.

Platow, Matwej Iwanowitsch Graf (1757-1818)
Hetman der Donkosaken, 1813/14 Befehlshaber der Kosakenabteilungen der Verbündeten.

Poniatowski, Josef Fürst (1763-1813)
Polnischer General, französischer Marschall. 1807 Kriegsminister des Herzogtums Warschau. Befehligte im Rußlandfeldzug Napoleons ein Korps. Wurde während der Völkerschlacht von Napoleon zum Marschall ernannt und fand auf dem Rückzug der napoleonischen Truppen den Tod.

Probstheida
1813 Dorf östlich von Leipzig. Bei den Kämpfen am 18. Oktober bildete es die Schlüsselposition der französischen Stellung und wurde erbittert umkämpft.

Radetzky, Johann Joseph Wenzel Graf (1766-1858)
Österreichischer General. War 1813 maßgeblich an der Ausarbeitung des Feldzugplans gegen Napoleon beteiligt. 1813/14 Generalstabschef der Hauptarmee der Verbündeten. Besiegte 1848 und 1849 in Italien die piemontesische Armee. Nach ihm ist der von Johann Strauß Vater komponierte Marsch benannt.

Reil, Johann Christian (1759-1813)
Arzt, Professor der Medizin in Halle, seit 1810 in Berlin. 1813 Leiter der preußischen Lazarette links der Elbe. Starb an Typhus.

Reynier, Jean Louis Ebenezer (1771-1814)
Französischer General. Kommandierte im Herbstfeldzug 1813 ein Korps, das vorwiegend aus Rheinbundtruppen bestand.

Requisition
Requisition war das Versorgungsprinzip, das erstmalig von der französischen Revolutionsarmee zum System gemacht wurde. Die Bevölkerung im Feindesland wurden gezwungen, unentgeltlich Lebens- und Futtermittel zu liefern. So war es möglich, die Beweglichkeit der Truppen bedeutend zu erhöhen.

Rheinbund
Von Napoleon am 16. Juli 1806 gegründetes Staatenbündnis von zunächst 16 süd- und westdeutschen Territorialstaaten. An der Spitze des Rheinbundes stand Napoleon als »Protektor«. Die Rheinbundstaaten mußten sich verpflichten, Napoleon im Kriegsfall Soldaten zur Verfügung zu stellen. Bis 1808 traten dem Rheinbund weitere 20 Einzelstaaten bei, der nunmehr insgesamt 119.250 Soldaten stellen mußte. Nach französischem Vorbild wurden in den Rheinbundstaaten fortschrittliche Reformen durchgeführt. Gleichzeitig starben bei den Feldzügen Napoleons Zehntausende von Soldaten der Rheinbundstaaten, insbesondere in Spanien und Rußland.

Saint Priest, Guillaume Emanuel Guignart Graf von (1776-1814)
Russischer General französischer Herkunft. Befehligte 1813/14 ein Armeekorps.

Sayn-Wittgenstein, Ludwig Adolf Peter Graf zu (1769-1843)
Russischer Generalfeldmarschall. Nach dem Tode Kutusows im April 1813 zum Oberbefehlshaber der Verbündeten ernannt, nach der Schlacht bei Bautzen abgelöst. Befehligte im Herbstfeldzug 1813 die russischen Truppen, die zur Hauptarmee der Verbündeten gehörten. 1834 vom preußischen König zum Fürsten von Sayn-Wittgenstein-Ludwigsburg erhoben.

Sebastiani, François Horace Bastien (1772-1851)
Französischer Marschall. Kommandierte in der Völkerschlacht ein Kavalleriekorps.

Sohr, Friedrich Georg Ludwig von (1775-1845)
Preußischer General. Seit Herbst 1813 als Major Kommandeur des 1. Brandenburgischen Husarenregiments, mit dem er am 16. Oktober 1813 bei Möckern erfolgreich attackierte.

Scharnhorst, Gerhard Johann David von (1755-1813)
Preußischer General. Leitete 1807-1808 die Militär-Reorganisationskommission und 1809-1810 das Allgemeine Kriegsdepartement (Kriegsministerium). Im Frühjahrsfeldzug 1813 Generalstabschef Blüchers. Starb an einer Verwundung, die er in Schlacht bei Großgörschen erlitten hatte.

Schlesische Armee
Im Sommer 1813 formierte Armee der Verbündeten, die aus zwei russischen und einem preußischen Korps bestand. Ihr Befehlshaber war Blücher mit Gneisenau als Generalstabschef.

Schubert, Friedrich Theodor von (1789-1865)
Russischer Offizier. 1814 Verbindungsoffizier im Hauptquartier der Schlesischen Armee. Seit 1820 General. Hinterließ die erst 1962 veröffentlichten Memoiren »Unter dem Doppeladler«.

Schwarzenberg, Karl Philipp Fürst zu (1771-1830)
Österreichischer Feldmarschall. Kommandierte 1812 das Korps, mit dem Österreich sich am Rußlandfeldzug Napoleons beteiligte. 1813/14 Oberbefehlshaber der Verbündeten.

Stedingk, Kurt Bogislav Ludwig Christof Graf (1746-1837)
Schwedischer Feldmarschall deutscher Herkunft. Befehligte im Herbstfeldzug 1813 die schwedischen Truppen der Nordarmee.

Stein, Heinrich Friedrich Karl Reichsfreiherr vom und zum (1757-1831)
Preußischer Staatsmann. 1804-1807 Wirtschafts- und Finanzminister, 1807-1808 leitender Minister, 1812-1815 politischer Berater des Zaren Alexander I. Leitete 1813-1814 den Zentralverwaltungsrat für die befreiten deutschen Gebiete.

Stellvertretung
In Frankreich in den 1790er Jahren eingeführte Regelung, wonach jeder Wehrpflichtige dem Militärdienst entgehen konnte, indem er (beziehungsweise seine Eltern) einen Stellvertreter bezahlte. Diese Regelung, welche die besitzenden Kreise begünstigte, wurde von den Staaten des Rheinbundes übernommen. Die Militärreformer um Scharnhorst lehnten sie strikt ab, und sie wurde in Preußen nicht eingeführt.

Streifschar, Streifkorps
Zeitweilig formierte Truppenteile aus leichter Kavallerie und Infanterie, die insbesondere im Hinterland des Gegners gegen dessen Nachschubverbindungen operierten.

Tauentzien, Friedrich Bogislaw Emmanuel Graf von (1760-1824)
Preußischer General. Befehligte in der Schlacht bei Jena 1806 die Vorhut der preußisch-sächsischen Armee. Kommandierte 1813 das preußische IV. Armeekorps, das der Nordarmee zugeteilt war. Nach der Eroberung der Festung Wittenberg im Februar 1814 erhielt er den Beinamen »von Wittenberg«.

Tauroggen
Ort in Litauen. Hier schloß der preußische General Yorck am 30. Dezember 1812 mit dem russischen General Diebitsch eigenmächtig eine

Konvention ab. Diese sah vor, daß das preußische Hilfskorps der Großen Armee den Kampf gegen die russische Armee einstellte und sich in ein für neutral erklärtes Gebiet in Ostpreußen zurückzog.

Tettenborn, Friedrich Karl von (1778-1845)
Russischer General. Befehligte 1813/14 ein Streifkorps.

Thielmann, Johann Adolph Freiherr von (1765-1824)
Sächsischer, später preußischer General. Trat im Mai 1813 zu den Verbündeten über. Befehligte 1815 in der Schlacht bei Waterloo eins der preußischen Armeekorps.

Tirailleur- und Kolonnentaktik
Die Tirailleurtaktik war eine Kampfform der Infanterie, die sich während des amerikanischen Unabhängigkeitskrieges von 1776 bis 1783 herausbildete und sich im französischen Revolutionsheer durchsetzte. Hierbei bekämpften Tirailleure (Schützen) in aufgelockerter Ordnung den Gegner durch gezieltes Feuer. In der Schlacht wurde die Tirailleurtaktik nur in Verbindung mit der Kolonnentaktik angewendet. Hinter den Schützenschwärmen waren die Infanteriekolonnen aufgestellt, die durch Angriff mit dem Bajonett die Entscheidung herbeiführten.

Toll, Karl Friedrich Graf von (1777-1842)
Russischer General. 1813/14 Generalstabsoffizier und militärischer Berater des Zaren Alexander.

Tolstoi, Pjotr Alexandrowitsch Graf (1769-1844)
Russischer General. Befehligte im Herbstfeldzug 1813 ein Milizkorps, das ein französisches Armeekorps unter Marschall Gouvion in Dresden belagerte.

Vandamme, Dominique René (1770-1830)
Französischer General. Befehligte im Herbstfeldzug 1813 ein Korps. Geriet während der Schlacht bei Kulm in Gefangenschaft.

Vane, Charles William (1778-1854)
1813 britischer Bevollmächtigter im Hauptquartier Bernadottes, 1814 Lord Stewart.

Victor, Claude Perrin (1764-1841)
Französischer Marschall. Von Napoleon zum Herzog von Belluno ernannt. Befehligte in der Völkerschlacht ein Korps. Schloß sich 1815 nicht Napoleon an.

Völkerschlacht
Das Wort »Völkerschlacht« wurde bereits im Jahre 1813 von Karl Friedrich Freiherr von Müffling, dem Generalquartiermeister der Schlesischen Armee, in einem Armeebericht geprägt. M. verwendete das Wort »Völker« noch in dem alten Sinne von »Kriegsvölker«, »Heervölker«. Diese Deutung ging schließlich völlig verloren. Man faßte »Völkerschlacht« nun als Schlacht der Völker Europas auf, die sich von der napoleonischen Fremdherrschaft befreien wollten.

Wachau
1813 Dorf südwestlich von Leipzig. Hier versuchte Napoleon am 16. Oktober vergeblich die Stellung der Hauptarmee der Verbündeten zu durchbrechen.

Wallmoden-Gimborn, Ludwig Georg Thedel von (1768-1862)
Österreichischer General. Diente nacheinander in der hannoverschen, preußischen, österreichischen und russischen Armee. Befehligte 1813/14 ein Korps der Verbündeten, trat 1815 wieder in die österreichische Armee ein.

Wartenburg
Ort südöstlich von Wittenberg. In der Schlacht bei W. erzwang das Yorcksche Korps der Schlesischen Armee am 3. Oktober 1813 den Übergang über die Elbe und leitete damit die Wende im Herbstfeldzug ein.

Wintzingerode, Ferdinand Freiherr von (1770-1818)
Russischer General deutscher Herkunft. Befehligte im Herbstfeldzug 1813 ein Armeekorps.

Wolzogen, Justus Philipp Ludwig Freiherr von (1774-1845)
Preußischer General. 1807-1813 in russischen Diensten, seit 1815 wieder in preußischen, 1813 Adjutant des Zaren Alexander I.

Wrede, Karl Philipp (1767-1838)
Bayerischer General. Befehligte im Rußlandfeldzug Napoleons das bayerische Korps. Versuchte im Oktober 1813 vergeblich, Napoleon bei Hanau den Rückzug zu verlegen. 1814 zum Fürsten erhoben.

Yorck, Hans David Ludwig von (1759-1830)
Preußischer General. Befehligte 1812 die Truppen, mit denen Preußen sich am Rußlandfeldzug Napoleons beteiligen mußte. Schloß mit dem russischen General Diebitsch die Konvention von Tauroggen. Kommandierte 1813/14 das preußische I. Armeekorps, das sich insbesondere in der Schlacht bei Möckern auszeichnete. 1814 als Y. von Wartenburg in den Grafenstand erhoben.

Zieten, Wieprecht Hans Karl Friedrich Ernst Heinrich von (1770-1848)
Preußischer General. Befehligte 1813/14 eine Brigade des preußischen II. Armeekorps. 1815 Kommandierender General des I. Armeekorps.

XX. Quellen- und Literaturverzeichnis

Quellen

- Karl-Heinz Börner (Hrsg.), Vor Leipzig 1813. Die Völkerschlacht in Augenzeugenberichten, Berlin 1988
- Erinnerungen aus dem Leben des Generalfeldmarschalls Hermann von Boyen. Neu hrsg. mit einer Einführung und Anmerkungen von Dorothea Schmidt, 2 Bände, Berlin 1990
- Carl von Clausewitz. Ausgewählte militärische Schriften. Hrsg. von Gerhard Förster und Dorothea Schmidt, 2. Aufl., Berlin 1981
- Friedrich Donath u. Walter Markov (Hrsg.), Kampf um Freiheit. Dokumente zur nationalen Erhebung 1789-1815, Berlin 1954
- Gneisenau. Ein Leben in Briefen. Hrsg. von Karl Griewank, 2., erw. Aufl., Leipzig 1939
- August Wilhelm Anton Neidhardt von Gneisenau. Ausgewählte militärische Schriften. Hrsg. von Gerhard Förster und Christa Gudzent, Berlin 1984
- Karl Freiherr von Müffling. Offizier – Kartograph – Politiker (1775-1851). Lebenserinnerungen und kleinere Schriften. Bearbeitet und ergänzt von Hans-Joachim Behr, Köln-Weimar-Wien 2003
- Friedrich von Schubert, Unter dem Doppeladler. Erinnerungen eines Deutschen in russischem Offiziersdienst 1789-1814. Hrsg. und eingeleitet von Erik Amburger, Stuttgart 1962
- Friedrich Schulze (Hrsg.), 1813-1815. Die deutschen Befreiungskriege in zeitgenössischer Schilderung, Leipzig 1912
- Freiherr vom Stein. Briefe und amtliche Schriften. Bearb. von Erich Botzenhart. Neu hrsg. von Walter Hubatsch, Bände 2/1 und 3, Stuttgart 1959 und 1961
- Gerhard Thiele, Gneisenau. Leben und Werk des Königlich-Preußischen Generalfeldmarschalls. Eine Chronik, 2. Aufl., Berlin 2007
- Rudolf Vaupel (Hrsg.), Das Preußische Heer vom Tilsiter Frieden bis zur Befreiung 1807-1814, Leipzig 1938 = Die Reorganisation des Preußischen Staates unter Stein und Hardenberg, 2. Teil, Bd. 1

Darstellungen

- Frank Bauer, Die Völkerschlacht bei Leipzig Oktober 1813, Berlin 1988
- Frank Bauer, Großbeeren 1813. Die Verteidigung der preußischen Hauptstadt, 2., erw. Aufl., Berg am Starnberger See/Potsdam 1998
- Peter Baumgart/Bernhard R. Kroener/Heinz Stübig (Hrsg.), Die preußische Armee zwischen Ancien Régime und Reichsgründung, Paderborn-München-Wien-Zürich 2008
- Karl-Heinz Börner, Völkerschlacht bei Leipzig 1813, 2. Aufl., Berlin 1984 = illustrierte historische Hefte 32
- Peter Brand, Die Befreiungskriege von 1813 bis 1815 in der deutschen Geschichte, in: Derselbe (Hrsg.), An der Schwelle der Moderne. Deutschland um 1800, Bonn 1999, S. 83-115 = Gesprächskreis Geschichte, Heft 31
- Horst Carl, Der Mythos des Befreiungskrieges. Die »martialische Nation« im Zeitalter der Revolutions- und Befreiungskriege 1792-1815, in: Dieter Langewiesche u. Georg Schmidt (Hrsg.), Föderative Nation. Deutschlandkonzepte von der Reformation bis zum Ersten Weltkrieg, München 2000, S. 63-82
- Gordon A. Craig, Probleme des Koalitionskrieges: Die Militärallianz gegen Napoleon 1813-1814, in: Derselbe, Krieg, Politik und Diplomatie, Wien 2001, S. 37-62
- Otto Dann, Nation und Nationalismus in Deutschland 1770-1990, 3., überarb. u. erw. Aufl., München 1996
- Das Jahr 1813. Studien zur Geschichte und Wirkung der Befreiungskriege. Gesamtredaktion Fritz Straube, Berlin 1963
- Der Befreiungskrieg 1813. Wissenschaftliche Redaktion Peter Hoffmann, Karl Obermann, Heinrich Scheel, Fritz Straube, Berlin 1967
- Deutsche Geschichte, Bd. 4: Die bürgerliche Umwälzung von 1789 bis 1871. Autorenkollektiv: Walter Schmidt, Gerhard Becker u. a., Berlin 1984
- Elisabeth Fehrenbach, Vom Ancien Régime zum Wiener Kongress, 4., überarb. Aufl., München 2001 = Oldenbourg Grundriss der Geschichte, Bd. 12
- Gerd Fesser, Von der Napoleonzeit zum Bismarckreich. Streiflichter zur deutschen Geschichte im 19. Jahrhundert, Bremen 2001
- Gerd Fesser, 1806. Die Doppelschlacht bei Jena und Auerstedt, Jena-Quedlinburg 2006

- Gerd Fesser, Preußische Mythen. Ereignisse und Gestalten aus der Zeit der Stein/Hardenbergschen Reformen und der Befreiungskriege, Bremen 2012
- Gerd Fesser/Reinhard Jonscher (Hrsg.), Umbruch im Schatten Napoleons. Die Schlachten von Jena und Auerstedt und ihre Folgen, Jena 1998 = Jenaer Studien, Bd. 3
- Siegfried Fiedler, Kriegswesen und Kriegführung im Zeitalter der Revolutionskriege, Koblenz 1988 = Heerwesen der Neuzeit, Abteilung III, Bd. 2
- Rudolf Friederich, Die Befreiungskriege 1813-1815, 1. Bd.: Der Frühjahrsfeldzug 1813, 2. Bd.: Der Herbstfeldzug 1813, 3. Bd.: Der Feldzug 1814, 4. Bd.: Der Feldzug 1815, Berlin 1911-1913
- Michael Fröhlich, Tauroggen 1812. Eine Konvention im Spannungsfeld von Krieg, Diplomatie und Tradition, Bonn 2011
- Grundkurs deutsche Militärgeschichte. Im Auftrag des Militärgeschichtlichen Forschungsamt hrsg. von Karl-Volker Neugebauer, Bd. 1: Die Zeit bis 1914. Vom Kriegshaufen zum Massenheer, München 2006
- Wolfgang Gülich, Die Sächsische Armee zur Zeit Napoleons. Die Reorganisation von 1810, 2., verb. Aufl., Beucha 2008 = Schriften der Rudolf-Kötzschke-Gesellschaft 9
- Karen Hagemann, »Mannlicher Muth und Teutsche Ehre«. Nation, Militär und Geschlecht zur Zeit der Antinapoleonischen Kriege Preußens, Paderborn-München-Wien-Zürich 2002 = Krieg in der Geschichte, Bd. 8
- Hans-Werner Hahn/Helmut Berding, Reformen, Restauration und Revolution 1806-1848/49, Stuttgart 2010 = Gebhardt. Handbuch der deutschen Geschichte, 10., völlig neu bearb. Aufl., Bd. 14
- Heinz Helmert/Hansjürgen Uszeck, Europäische Befreiungskriege 1808 bis 1814/15. Militärischer Verlauf, 3. Aufl., Berlin 1986
- Otto Hintze, Die Hohenzollern und ihr Werk 1415-1915. Reprint der Originalausgabe von 1915, Berlin 1987
- Stefan-Ludwig Hoffmann, Sakraler Monumentalismus um 1900. Das Leipziger Völkerschlachtdenkmal, in: Reinhart Koselleck/Michael Jeismann (Hrsg.), Der politische Totenkult. Kriegerdenkmäler in der Moderne, München 1994, S. 249-280
- Ernst Rudolf Huber, Deutsche Verfassungsgeschichte seit 1789, Bd. 1: Reform und Restauration 1789 bis 1830, durchges. Nachdruck der

2., verb. Aufl., Stuttgart-Berlin-Köln 1990
- Rudolf Ibbeken, Preußen 1807-1813. Staat und Volk als Idee und in Wirklichkeit (Darstellung und Dokumentation), Köln/Berlin 1970
- Curt Jany, Geschichte der Preußischen Armee vom 15. Jahrhundert bis 1914. Hrsg. von Eberhard Jany, 4. Bd.: Die Königlich-Preußische Armee und das Deutsche Reichsheer 1807 bis 1914, Osnabrück 1967
- Ingrid Keller und Hans-Dieter Schmidt (Hrsg.), Vom Kult zur Kulisse. Das Völkerschlachtdenkmal als Gegenstand der Geschichtskultur, Leipzig 1995
- Klaus-Ulrich Keubke/Uwe Poblenz, Die Freikorps Schill und Lützow im Kampf gegen Napoleon, Schwerin 2009
- Dominic Lieven, Russland gegen Napoleon. Die Schlacht um Europa, München 2011
- Walter Markov, Napoleon und seine Zeit. Geschichte und Kultur des Grand Empire, 2., gekürzte und überarb. Aufl., Leipzig 1996
- Karl J. Mayer, Napoleons Soldaten. Alltag in der Grande Armée, Darmstadt 2008
- Franz Mehring, 1813 bis 1819. Von Kalisch nach Karlsbad, in: Derselbe, Gesammelte Schriften, Bd. 6: Zur deutschen Geschichte von der Zeit der Französischen Revolution bis zum Vormärz (1789 bis 1847), Berlin 1965, S. 309-391
- Ilja Mieck, Preußen von 1807 bis 1850. Reformen, Restauration und Revolution, in: Handbuch der preussischen Geschichte. Hrsg. von Otto Büsch, Bd. II, Berlin/New York 1992, S. 3-292
- Günter Müchler, Achtzehnhundertdreizehn. Napoleon, Metternich und das weltgeschichtliche Duell von Dresden, Darmstadt 2012
- Reinhard Münch, Marksteine und Denkmale der Völkerschlacht in und um Leipzig, 2. Aufl., Borsdorf OT Panitzsch 2000
- Bernd von Münchow-Pohl, Zwischen Reform und Krieg. Untersuchungen zur Bewußtseinslage in Preußen 1809-1812, Göttingen 1987
- Thomas Nipperdey, Deutsche Geschichte 1800-1806. Bürgerwelt und starker Staat, 4. Aufl., München 1987
- Heinz G. Nitschke, Die Preußischen Militärreformen 1807-1813. Die Tätigkeit der Militärreorganisationskommission und ihre Auswirkungen auf die preußische Armee, Berlin 1983
- Georg Ortenburg, Waffe und Waffengebrauch im Zeitalter der Revolutionskriege, Koblenz 1988 = Heerwesen der Neuzeit, Abteilung III, Bd. 1

- Steffen Poser, Völkerschlachtdenkmal. Kurzführer, Leipzig 2008
- Ute Planert, »Wo jeder Franzmann heisset Feind«? Die vielfältigen Facetten des deutsch-französischen Verhältnisses im Zeitalter Napoleons, in: Michael Epkenhans/Stig Förster/Karen Hagemann (Hrsg.), Militärische Erinnerungskultur. Soldaten im Spiegel von Biographien, Memoiren und Selbstzeugnissen, Paderborn-München-Wien-Zürich 2006, S. 86-105
- Kurt von Raumer/Manfred Botzenhart, Deutsche Geschichte im 19. Jahrhundert. Deutschland um 1800: Krise und Neugestaltung. Von 1789 bis 1815, Wiesbaden 1980 = Handbuch der Deutschen Geschichte. Neu hrsg. von Leo Just, Bd. 3/I, 1. Teil
- Dirk Reder, »... aus reiner Liebe für Gott, den König und das Vaterland«. Die »patriotischen Frauenvereine« in den Freiheitskriegen von 1813-1815, in: Karen Hagemann/Ralf Pröve (Hrsg.), Landsknechte, Soldatenfrauen und Nationalkrieger. Militär, Krieg und Geschlechterordnung im historischen Wandel, Frankfurt a. M.-New York 1998, S. 199-222
- Volkmar Regling, Grundzüge der Landkriegführung zur Zeit des Absolutismus und im 19. Jahrhundert, in: Deutsche Militärgeschichte in sechs Bänden 1648-1939. Hrsg. vom Militärgeschichtlichen Forschungsamt durch Friedrich Forstmeier, Wolfgang von Groote u. a. Bd. 6, München 1983 (Pawlak-Ausgabe), S. 11-425
- Friedrich Richter, Historische Darstellung der Völkerschlacht bei Leipzig. Gedenkbuch für das deutsche Volk, Leipzig 1911 (Reprint)
- Gerhard Ritter, Staatskunst und Kriegshandwerk. Das Problem des »Militarismus« in Deutschland, 1. Bd.: Die altpreußische Tradition (1740-1890), 4. Aufl., München 1970
- Wolfram Siemann, Vom Staatenbund zum Nationalstaat. Deutschland 1806-1871, München 1995 = Neue Deutsche Geschichte. Hrsg. von Peter Moraw, Volker Press, Wolfgang Schieder
- Digby Smith, 1813: Leipzig. Napoleon and the Battle of the Nations, London 2001
- Kirstin Anne Schäfer, Die Völkerschlacht, in: Etienne François u. Hagen Schulze (Hrsg.), Deutsche Erinnerungsorte II, München 2001, S. 187-201
- Hans-Dieter Schmidt, Völkerschlachtdenkmal, Völkerschlachtgedenken und deutsche Freimaurerei im Jubiläumsjahr 1913, in: Marlis Buchholz, Claus Füllberg-Stolberg und Hans-Dieter Schmidt (Hrsg.),

Nationalismus und Region. Festschrift für Herbert Obenaus zum 65. Geburtstag, Bielefeld 1996, S. 355-379 = Hannoversche Schriften zur Regional- und Lokalgeschichte, Bd. 11

- Franz Schnabel, Deutsche Geschichte im neunzehnten Jahrhundert, Bd. 1: Die Grundlagen, München 1987
- Bernhard Struck/Claire Gantet, Revolution, Krieg und Verflechtung 1789-1815, Darmstadt 2009 = WBG Deutsch-Französische Geschichte. Hrsg. von Werner Paravicini u. Michael Werner
- Joachim Streisand, Deutschland von 1789 bis 1815 (Von der Französischen Revolution bis zu den Befreiungskriegen und dem Wiener Kongreß), 5. Aufl., Berlin 1981 = Lehrbuch der deutschen Geschichte (Beiträge) 5
- Jean Tulard (Hrsg.), Dictionnaire Napoléon. Nouvelle édition, 2 Bd.e, Paris 1999
- Heinrich Ulmann, Geschichte der Befreiungskriege 1813 u. 1814, 2 Bd.e, München-Berlin 1914/15
- Veit Veltzke (Hrsg.), Napoleon. Tricolore und Kaiseradler über Rhein und Weser, Köln-Weimar-Wien 2007
- Dierk Walter, Preußische Heeresreformen 1807-1870. Militärische Innovation und der Mythos der »Roonschen Reform«, Paderborn-München-Wien-Zürich 2003 = Krieg in der Geschichte, Bd. 16
- Dieter Walz/Reinhard Münch/Wolf-Dieter Schmidt, Auf Napoleons Spuren durchs Sachsenland im Kriegsjahr 1813, Leipzig 2008
- Hans-Ulrich Wehler, Deutsche Gesellschaftsgeschichte, I. Bd.: Vom Feudalismus des Alten Reiches bis zur Defensiven Modernisierung der Reformära 1700-1815, München 1987
- Eberhard Weis, Der Durchbruch des Bürgertums 1776-1847, Frankfurt am Main-Berlin 1992 = Propyläen Geschichte Europas, Bd. 4
- Rainer Wohlfeil, Vom Stehenden Heer des Absolutismus zur Allgemeinen Wehrpflicht (1789-1814). In: Deutsche Militärgeschichte in sechs Bänden 1648-1939. Hrsg. vom Militärgeschichtlichen Forschungsamt durch Friedrich Forstmeier, Wolfgang von Groote u. a. Bd. 1, Abschnitt I, München 1983 (Pawlak-Ausgabe), S. 9-211
- Adam Zamoyski, 1812. Napoleons Feldzug in Russland, 5. Aufl., München 2012

Biographien

Alexander I.

- Merete van Taack, Zar Alexander I. Napoleons genialer Antipode. Eine Biographie, Tübingen 1983
- Detlef Jena, Die russischen Zaren in Lebensbildern, Graz-Wien-Köln 1996, S. 355-396
- Alan Palmer, Alexander I. Der rätselhafte Zar, Frankfurt a. M.-Berlin 1994

Barclay

- Michael und Diana Josselson, The Commander – A Life of Barclay de Tolly, Oxford 1980

Bennigsen

- Cornelia Popitz, Bennigsen, Levin August Graf von, in: Neue Deutsche Biographie, Bd. 2, Berlin 1955, S. 52

Bernadotte

- Jörg-Peter Findeisen, Jean Baptiste Bernadotte. Revolutionsgeneral, Marschall Napoleons, König von Schweden und Norwegen, Gernsbach 2010
- Arthur E. Imhof, Bernadotte. Französischer Revolutionsgeneral und schwedisch-norwegischer König, Göttingen 1970

Blücher

- Tom Crepon, Gebhard Leberecht von Blücher. Sein Leben, seine Kämpfe, Rostock 1999
- Rektor der Universität Rostock (Hrsg.), Gebhardt Leberecht von Blücher, Rostock 1993

Bülow

- Hans Branig, Bülow von Dennewitz, in: Neue Deutsche Biographie, Bd. 2, Berlin 1955, S. 738 f.

Eugen von Württemberg

- Franz Ilwof, Eugen, Herzog von Württemberg, in: Allgemeine Deutsche Biographie, Bd. 48, Leipzig 1904, S. 437-448

Friedrich Wilhelm III.

- Thomas Stamm-Kuhlmann, König in Preußens großer Zeit. Friedrich Wilhelm III., der Melancholiker auf dem Thron, Berlin 1992

Gneisenau

- Helmut Bock, Zwischen Thron und Vaterland. Gneisenau im preußischen Krieg 1806/07, Berlin 1966
- Hans Otto, Gneisenau. Preußens unbequemer Patriot. Biographie, Bonn 1983
- Mathias Langensteiner, Von der »Freiheit der Rücken« und dem »Cäsar am Pfluge«. Ein Beitrag zur Neubewertung der Rolle Gneisenaus bei der Preußischen Heeresreform, in: Forschungen zur Brandenburgischen und Preussischen Geschichte, N.F. 16 (2006), S. 171-196

Hardenberg

- Hans Haussherr, Hardenberg. Eine politische Biographie, 1. und 3. Teil, Köln/Graz 1965
- Peter Gerrit Thielen, Karl August von Hardenberg. Eine Biographie, Köln/Berlin 1967
- Ingo Hermann, Hardenberg. Der Reformkanzler, Berlin 2003

Kutusow

- Erik Amburger, Michael Kutusow, in: Große Soldaten der europäischen Geschichte. Hrsg. von Wolfgang von Groote, Frankfurt am Main-Bonn 1961, S. 195-227

Metternich

- Alan Palmer, Metternich. Der Staatsmann Europas, Düsseldorf 1977
- Wolfram Siemann, Metternich. Staatsmann zwischen Restauration und Moderne, München 2010

Napoleon I.

- A. S. Manfred, Napoleon Bonaparte, 4. Aufl., Berlin 1989
- Franz Herre, Napoleon Bonaparte. Wegbereiter des Jahrhunderts, 3. Aufl., München 1989
- Roger Dufraisse, Napoleon. Revolutionär und Monarch. Eine Biographie, München 1994
- Eckart Kleßmann, Napoleon, München 2002

- Georges Lefebvre, Napoleon. Hrsg. Von Peter Schöttler, 2. Aufl., Stuttgart 2003
- Volker Ullrich, Napoleon. Eine Biographie, Reinbek bei Hamburg 2004
- Johannes Willms, Napoleon. Eine Biographie, 2. Aufl., München 2005

Radetzky

- Oskar Regele, Feldmarschall Radetzky. Leben! Leistung! Erbe, Wien-München 1957
- Franz Herre, Radetzky. Eine Biographie, Köln 1981

Scharnhorst

- Max Lehmann, Scharnhorst, 2 Bände, Leipzig 1887
- Heinz Stübig, Scharnhorst. Die Reform des preußischen Heeres, Göttingen/Zürich 1988 = Persönlichkeit und Geschichte, Bd. 131
- Hans-Jürgen Uszeck, Scharnhorst. Theoretiker, Reformer, Patriot. Sein Werk in seiner und für unsere Zeit, 2. Aufl., Berlin 1974

Schwarzenberg

- Karl Fürst von Schwarzenberg, Feldmarschall Fürst Schwarzenberg – Der Sieger von Leipzig, Wien 1964

Stein

- Max Lehmann, Freiherr vom Stein, 3 Bände, Leipzig 1902-1905
- Gerhard Ritter, Stein. Eine politische Biographie. Neuausgabe der »neugestalteten Auflage« von 1958, 4. Aufl., Stuttgart 1981
- Heinz Duchardt, Stein. Eine Biographie, München 2007

Wittgenstein

- Alexander Graf von Hachenburg Prinz zu Sayn und Wittgenstein, Ludwig Adolf Peter Fürst zu Sayn und Wittgenstein, Kaiserlich Russischer General-Feldmarschall 1768/69-1843, Hannover 1934

Yorck

- Joh[ann] Gust[av] Droysen, Das Leben des Feldmarschalls Grafen Yorck von Wartenburg, 2 Bände, 11. Aufl., Leipzig 1913
- Helmut Bock, Rebell im Preußenrock. Tauroggen 1812, Berlin 1963
- Peter Paret, Yorck and the Era of Prussian Reform 1807-1815, Princeton, NJ 1966

Personenregister

Abbildungsverzeichnis

Titelbild aus: Hermann Müller-Bohn, Die deutschen Befreiungskriege. Deutschlands Geschichte von 1806-1815, 2. Bd., Berlin o.J. [1907]
Foto S. 7: Sächsische Staatskanzlei, Jörg Lange
Karten S. 67, 69 und auf Nachsatz nach: Heinz Helmert/Hansjürgen Uszeck, Europäische Befreiungskriege 1808 bis 1814/15. Militärische Verlauf, 3. Aufl., Berlin 1986
Karte auf Vorsatz nach: Deutsche Geschichte, Bd. 4: Die bürgerliche Umwälzung von 1798 bis 1871, Autorenkollektiv: Walter Schmidt, Gerhard Becker u.a., Berlin 1984
Alle weiteren Abbildungen: Archiv des Autors

Albrecht Börner

Sachsens Glanz und Preußens Gloria

Wer kennt sie nicht, die faszinierenden Geschichten um Liebe und Macht, Intrigen und Verrat, die sich um die sächsischen Herrscher und ihre Widersacher ranken. August der Starke und seine Geliebte, die Gräfin Cosel, August III., sein Minister Brühl und Friedrich der Große.

Es hieße Eulen nach Athen zu tragen, die großen Gestalten und ihre Geschichten, die die legendäre Fernsehfolge in die Herzen ihrer Zuschauer einbrannte, alle aufzuzählen. Albrecht Börner entspricht dem langgehegten Wunsch der übergroßen Fangemeinde, die Episoden, die regelmäßig über den Bildschirm flimmern, nun endlich schwarz auf weiß nachlesen zu können.

336 Seiten, zahlreiche s/w-Fotos, Hardcover, gebunden, Schutzumschlag, 24,90 EUR

9 783932 906763

Gerd Fesser

1806 – Die Doppelschlacht bei Jena und Auerstedt

Die Doppelschlacht bei Jena und Auerstedt war ein Ereignis von weltgeschichtlichem Rang. Die vernichtende Niederlage des altpreußischen Staates machte den Weg für tiefgreifende Reformen, für eine Modernisierung von Staat und Gesellschaft frei.

Gerd Fesser liefert in seinem Buch eine fundierte, dabei flüssig geschriebene Darstellung der militärischen Ereignisse des 14. Oktober 1806. Gleichzeitig entrollt er ein Panorama der Napoleonzeit. Er skizziert den Aufstieg Napoleons, kennzeichnet die Situation in Preußen am Vorabend des Krieges, stellt die Streitkräfte beider Seiten vor und beschreibt die vielfältigen Wirkungen der Ereignisse von 1806.

128 Seiten, 62 s/w-Abbildungen,
Hardcover, gebunden, 14,90 EUR

9 783932 906701

Hans K. Schulze

Von der Harzburg nach Canossa

Kaiser Heinrich IV., Papst Gregor VII. und die Sachsen

Die Regierungszeit Heinrichs IV. war eine der dramatischsten Epochen der deutschen Geschichte des Mittelalters. Der Canossa-Gang des Königs im Jahre 1077 gehört zu den wenigen Ereignissen des Mittelalters, die im Geschichtsbewußtsein der Deutschen lebendig geblieben sind. Die Geschichte des römisch-deutschen Reiches wird in jener Zeit weitgehend durch die Kämpfe Heinrichs IV. mit den Sachsen, den Päpsten, den deutschen Fürsten und dem eigenen Sohn Heinrich V. bestimmt.

In diesem Buch beschreibt Hans K. Schulze die Reichsgeschichte der Salierzeit unter besonderer Berücksichtigung des Raumes zwischen Harz, Elbe, Saale und Unstrut. Eine herausragende Rolle.

108 Seiten, 23 s/w-Abbildungen,
Hardcover, gebunden, 19,90 Euro

9 783942 115117

Wilfried Warsitzka

Die Thüringer Landgrafen

Wer kennt nicht Hermann I. oder die heilige Elisabeth? Mit den Thüringer Landgrafen verknüpfen sich dramatische Ereignisse und fesselnde menschliche Schicksale – spielten sie doch eine gewichtige Rolle in der Geschichte Deutschlands.

»*... lebhaft und fesselnder als ein Krimi ...*« Thüringische Landeszeitung

»*... wie ein Historienkrimi...*« Thüringer Allgemeine

398 Seiten, zahlreiche s/w-Abbildungen, Hardcover, geb., Schutzumschlag, 29,90 EUR

9 783932 906220

Die Kämpfe bei Leipzig am 18. Oktober 1813

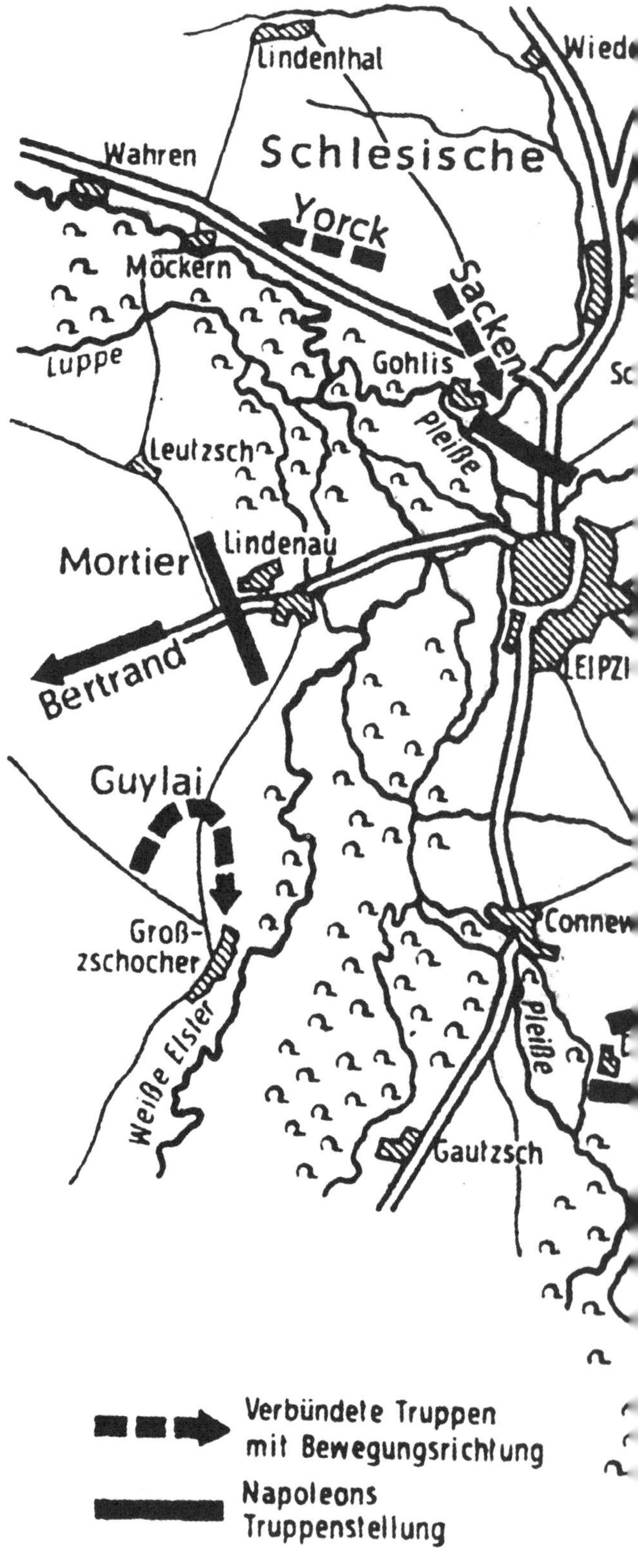